KINDER TRACHTEN MODE STRICKEN

Ruth Aumüller

Leopold Stocker Verlag
Graz – Stuttgart

Umschlaggestaltung:
DSR Werbeagentur Rypka GmbH, 8143 Dobl/Graz, www.rypka.at
Titelbilder: Stephan Friesinger, Graz, www.free-c.org

Bildnachweis:
Stephan Friesinger, Graz, www.free-c.org: S. 12, 18, 27 re. u., 41, 56 re., 58 re.
Alle übrigen Bilder wurden, so nicht anders angegeben, dem Verlag freundlicherweise von der Autorin zur Verfügung gestellt.

Bibliografische Information der Deutschen Nationalbibliothek
Die Deutsche Nationalbibliothek verzeichnet diese Publikation in der Deutschen Nationalbibliografie; detaillierte bibliografische Daten sind im Internet unter http://dnb.d-nb.de abrufbar.

Hinweis: Dieses Buch wurde auf chlorfrei gebleichtem Papier gedruckt. Die zum Schutz vor Verschmutzung verwendete Einschweißfolie ist aus Polyethylen chlor- und schwefelfrei hergestellt. Diese umweltfreundliche Folie verhält sich grundwasserneutral, ist voll recyclingfähig und verbrennt in Müllverbrennungsanlagen völlig ungiftig.

Auf Wunsch senden wir Ihnen gerne kostenlos unser Verlagsverzeichnis zu:
Leopold Stocker Verlag GmbH
Hofgasse 5/Postfach 438
A-8011 Graz
Tel.: +43 (0)316/82 16 36
Fax: +43 (0)316/83 56 12
E-Mail: stocker-verlag@stocker-verlag.com
www.stocker-verlag.com

ISBN 978-3-7020-1664-7

Layout und Repro: Werbeagentur Rypka GmbH, A-8143 Dobl-Zwaring, www.rypka.at

INHALT

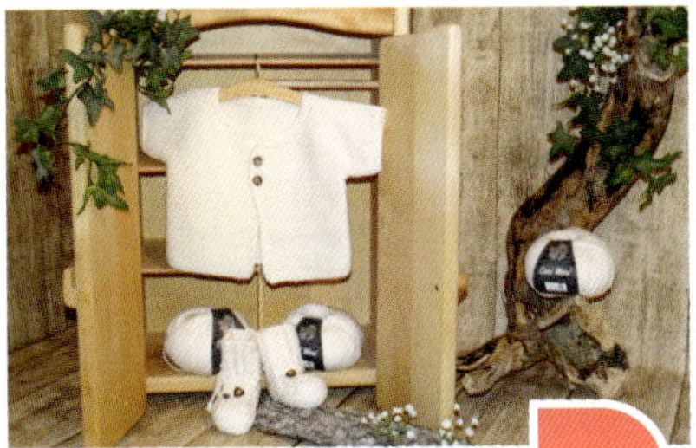

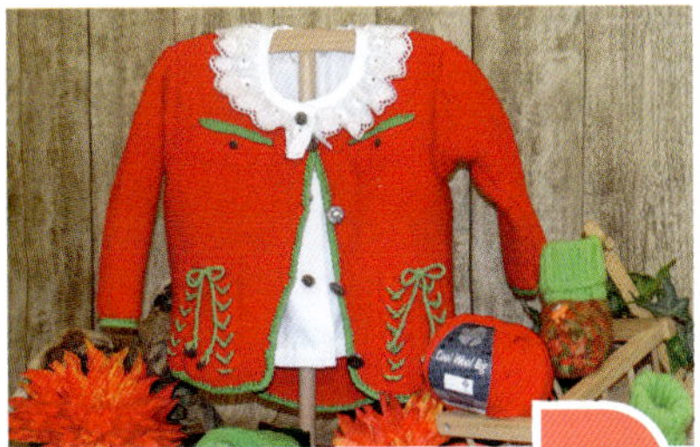

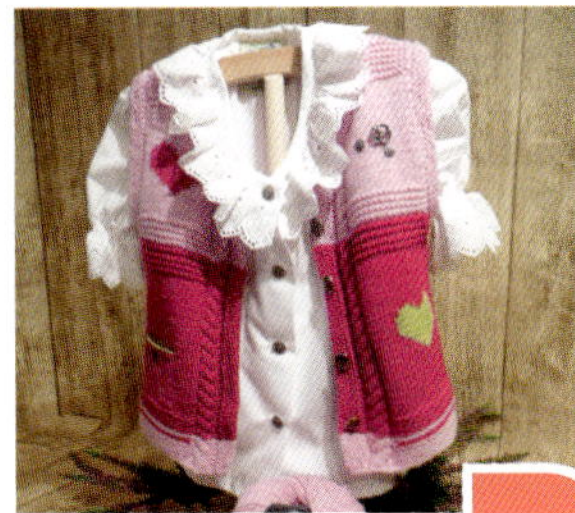

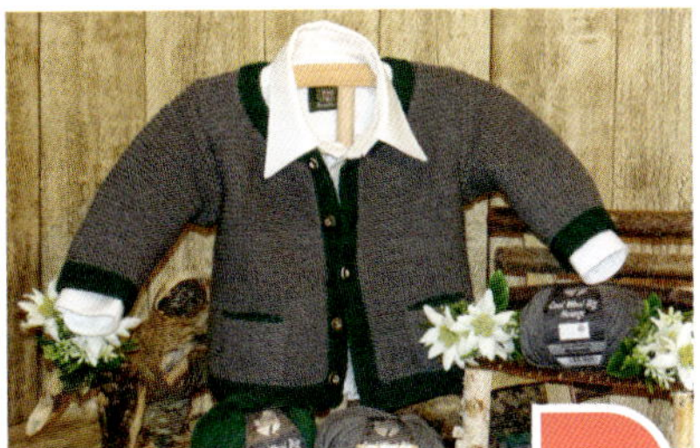

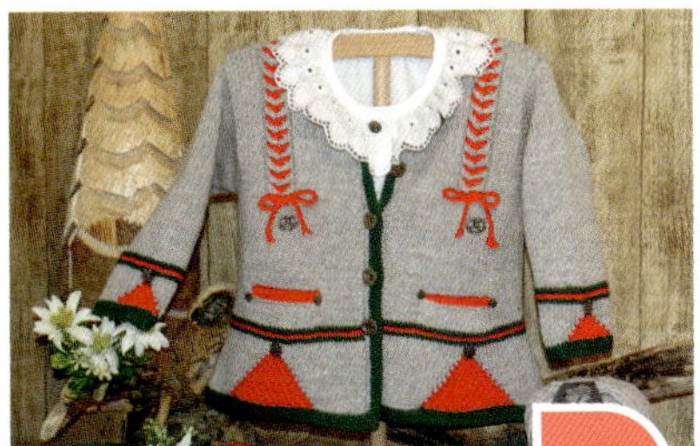

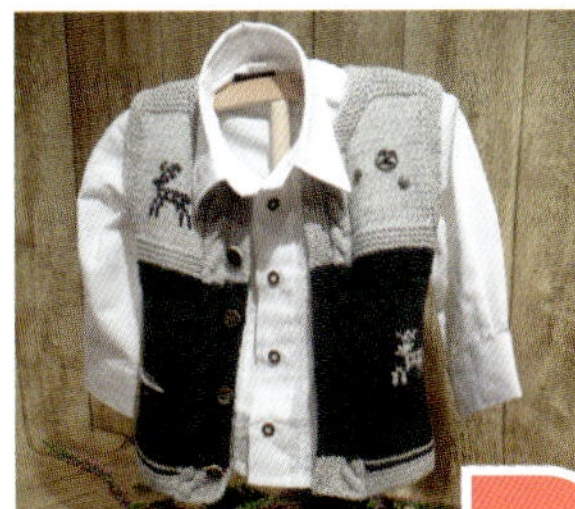

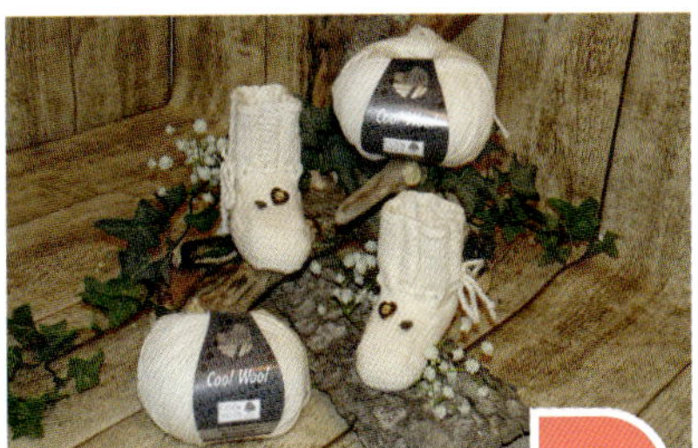

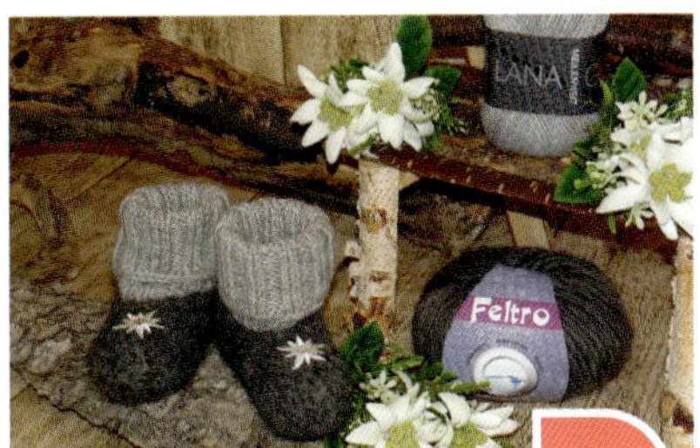

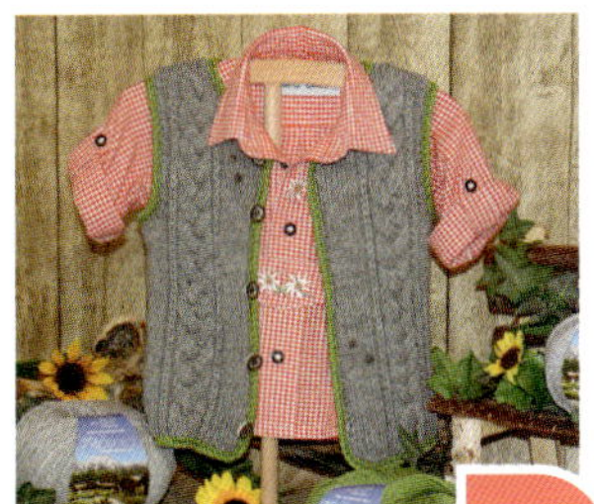

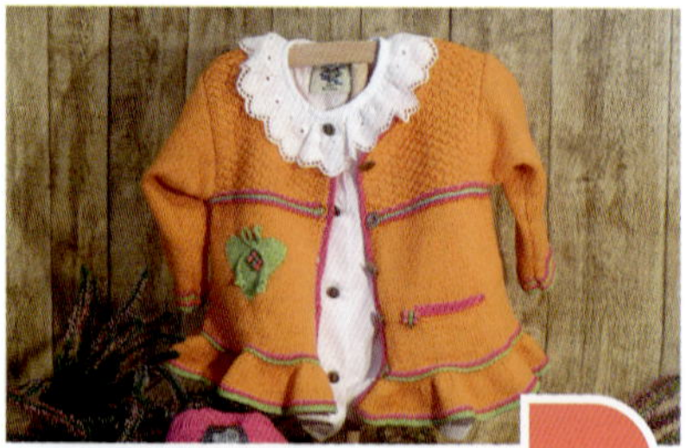

Bonbonfarbener Mädchentraum mit Herz

S. 28

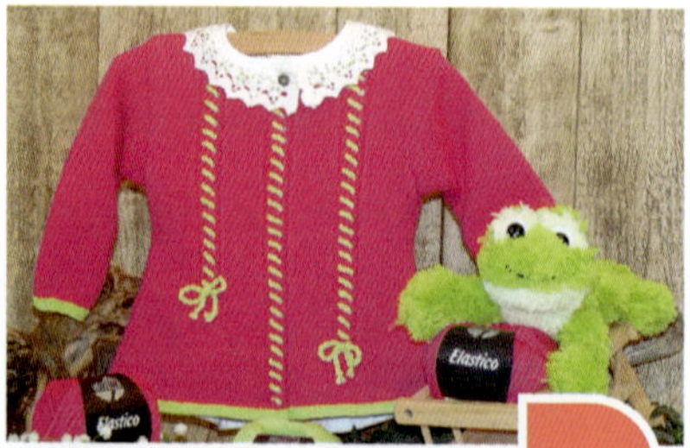

Für kleine Prinzessinnen in Pink mit grüner Kordel

S. 31

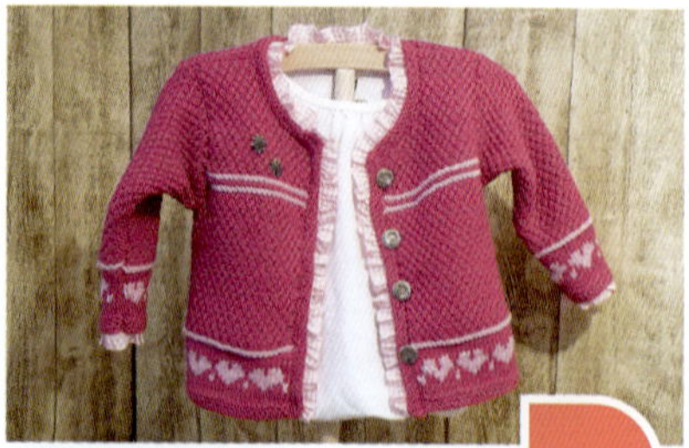

Herzchentraum für Mädchen

S. 34

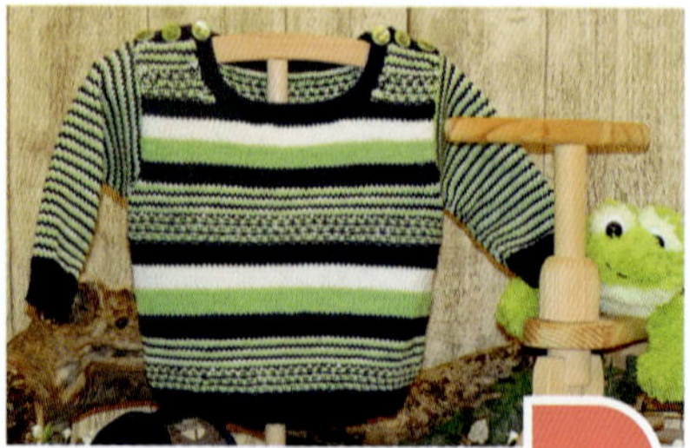

Gestreifter Lausebengel-Pullover in Blau-Grün-Weiß

S. 36

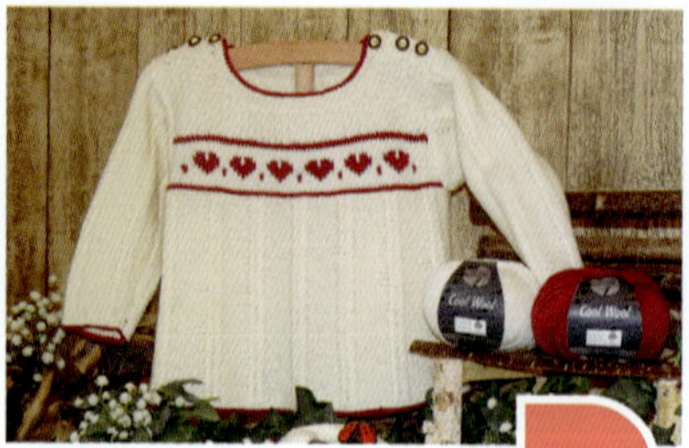

Herzpullover in Natur

S. 39

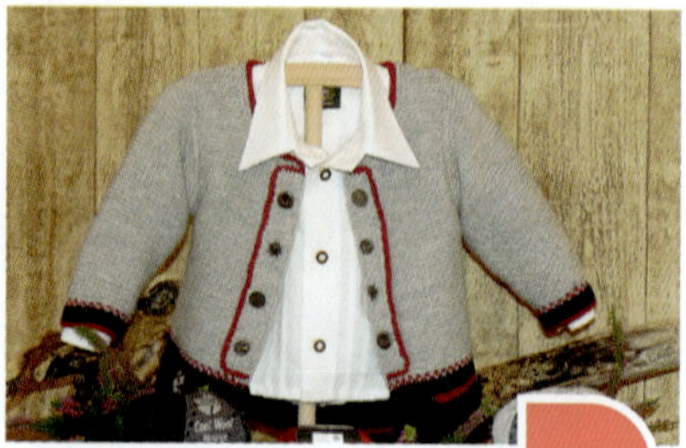

Landhausjanker mit kleinem Hirsch

S. 42

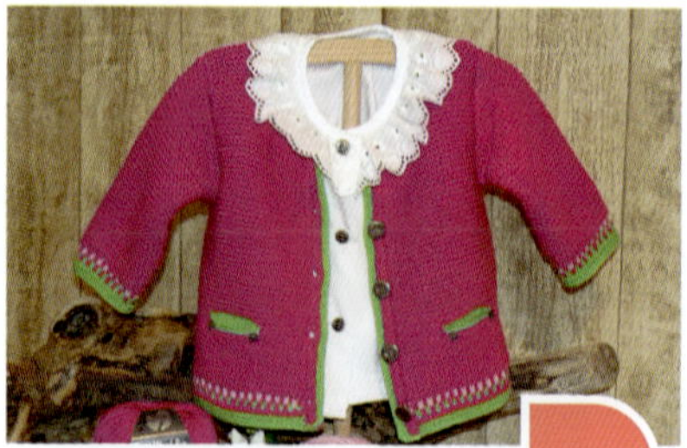

Landhaus-Mädchentraum in Pink

S. 45

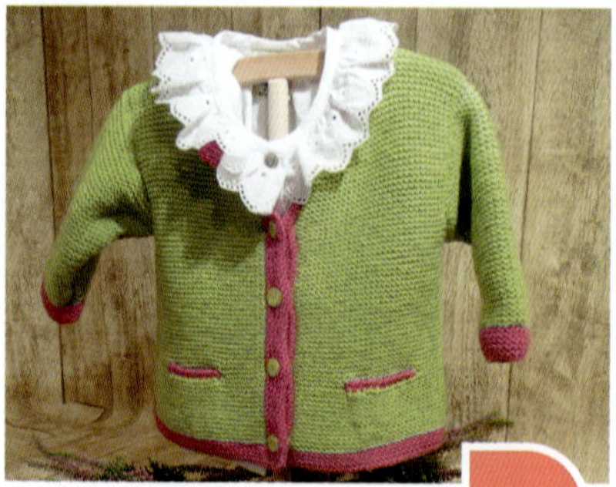

Maigrüner Landhaustraum

S. 48

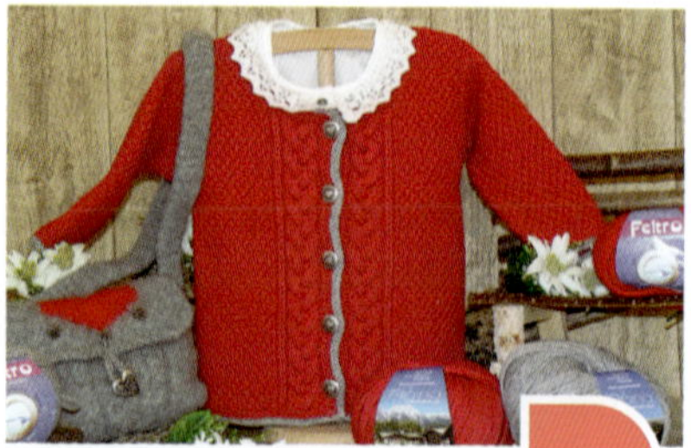

Herziger Zopftraum in Kirschrot

S. 50

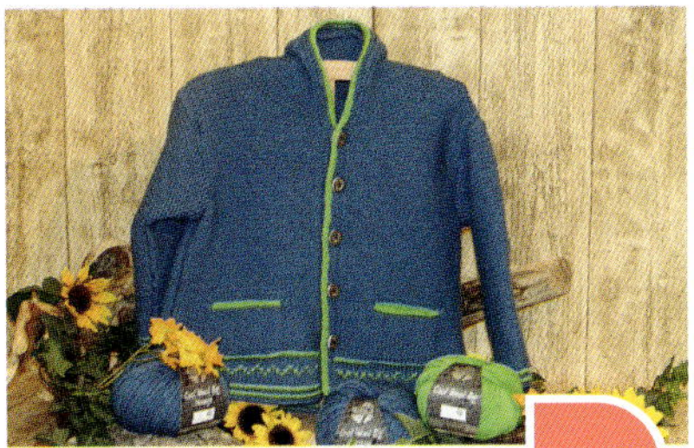

Kapuzenlausbub-Jacke in Petrol

S. 53

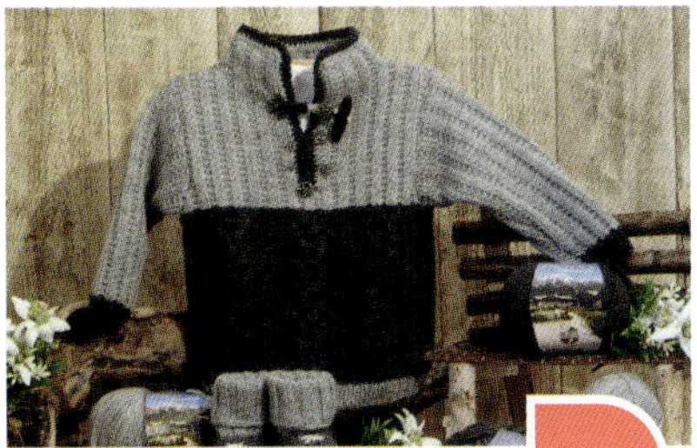

Kleiner Gipfelstürmer, grau gezopft

S. 55

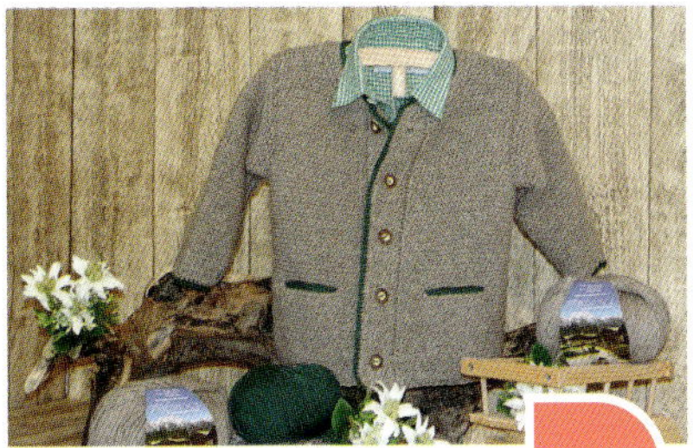

Urige Landhausjacke

S. 57

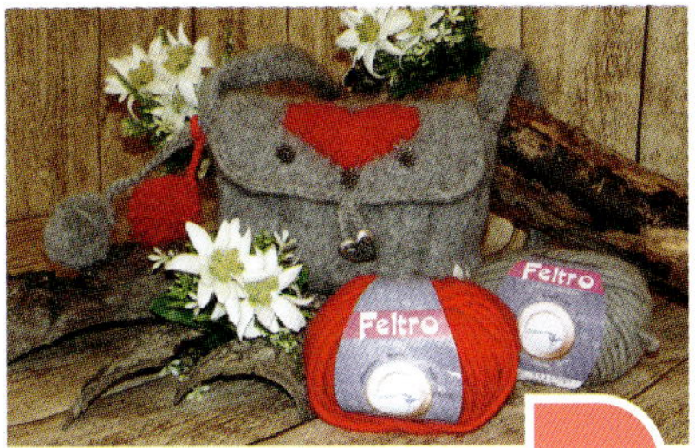

Kindertasche mit ganz viel Herz

S. 59

DIE AUTORIN

Ruth Aumüller betreibt seit mehreren Jahrzehnten ein Handarbeitsgeschäft in Baden-Württemberg und hat mit ihren selbst entworfenen Anleitungen und Werkstücken bereits große Erfolge erzielt.

1 BABYS ERSTER WESTENTRAUM IN ECRU

MATERIAL

Größe **56/62**

Lana Grossa Cool Wool
Lauflänge: 160 m/50 g
100 % Schurwolle

150 g Ecru, Fb. 432

Stricknadel Nr. 3

2 Knöpfe von Union Knopf, Art. Nr. 12865

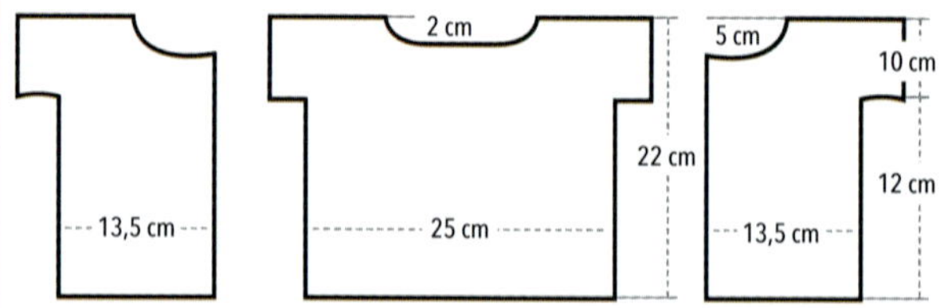

Wird bis zum Armloch an einem Stück gestrickt, dann getrennt weiterarbeiten.

STRICKMUSTER

1 Rippe kraus re.:	1 Vorderreihe re. / 1 Rückreihe re.
Knopfloch:	1 RM / 1 M kraus re. / 2 M re. zusammenstricken / 1 Umschlag

VORDER- UND RÜCKENTEIL BIS ARMLOCH IN EINEM STÜCK STRICKEN

134 Maschen anschlagen und kraus re. stricken.
Nach 12 cm Gesamthöhe die Arbeit aufteilen: 37 M linkes Vorderteil / 60 M Rückenteil / 37 M rechtes Vorderteil.

VORDERTEIL

Beim ersten Vorderteil (links) nach 37 Maschen weitere 12 Maschen für den Arm neu anschlagen, dann 1 cm kraus re. stricken, dann das erste Knopfloch am vorderen Rand der Jacke einarbeiten. Weitere 1 cm kraus re. stricken, dann das zweite Knopfloch am vorderen Rand der Jacke einarbeiten. Nun noch 1 cm kraus re. stricken, dann mit dem Halsausschnitt beginnen.
Dafür 1 x 8 M / 1 x 4 M / 1 x 3 M / 1 x 2 M und 5 x 1 M am vorderen Rand der Jacke in jeder Vorderreihe abketten.
Bei 21 cm Gesamthöhe die restlichen Maschen abketten.

Das zweite Vorderteil gegengleich arbeiten, jedoch ohne Knopflöcher.

RÜCKENTEIL

Über die 60 Maschen hinaus jeweils 12 Maschen re und li des Teils neu anschlagen = 84 M.
Bei einer Gesamtlänge von 20 cm für den Halsausschnitt die mittleren 22 M abketten, an den beiden Seiten der abgeketteten Maschen nochmals 1 x 3 M und 1 x 2 M abketten.
Bei einer Gesamtlänge von 22 cm die restlichen Maschen abketten.

AUSARBEITUNG

Alle Nähte schließen und die Knöpfe annähen.
Für den Halsausschnitt 74 Maschen auffassen, 1 Reihe re. verschränkt abstricken, 1 Vorderreihe und 1 Rückreihe kraus re.
In der Vorderreihe alle Maschen abketten.

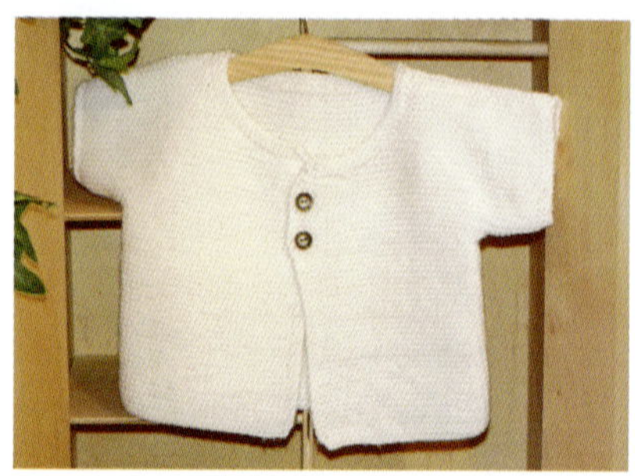

2 SCHLEIFENTRAUM IN ROT FÜR SÜSSE MÄDCHEN

Größe
74/80

MATERIAL

Lana Grossa Cool Wool Big
Lauflänge: 120 m/50 g
100 % Schurwolle

350 g Rot, Fb. 923 — Stricknadel Nr. 3,5
50 g Grün, Fb. 941 — Häkelnadel Nr. 3,0

5 Knöpfe Seco, Art. Nr. 98091
3 große Edelweiß von Union Knopf
6 kleine Edelweiß von Union Knopf

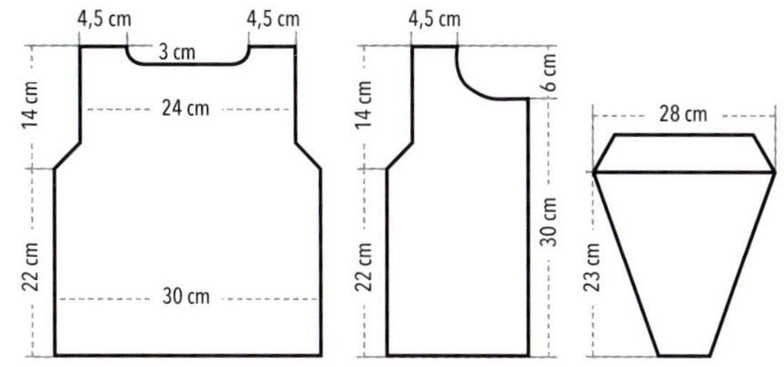

STRICKMUSTER

1 Rippe kraus. re.:	1 Vorderreihe re. / 1 Rückreihe re.
glatt li.:	1 Vorderreihe li. / 1 Rückreihe re.
glatt re.:	1 Vorderreihe re. / 1 Rückreihe li.
Taschenbeutel:	18 M in Grün anschlagen und 4 cm glatt re. stricken. Maschen stilllegen
Krebsmasche:	feste Maschen rückwärts häkeln
Knopfloch:	häkeln, 2 feste Maschen überspringen und hierfür 2 Luftmaschen häkeln.
Zopfmuster:	über 8 Maschen: 2 M auf eine Hilfsnadel hinter die Arbeit legen, 2 M re. abstricken, dann die 2 M der Hilfsnadel re abstricken. 2 M auf eine Hilfsnadel vor die Arbeit legen, 2 M re., dann die 2 M von der Hilfsnadel re. abstricken. 1 Rückreihe li. 1 Vorderreihe re. 1 Rückreihe li. Dann wieder zopfen.

RÜCKENTEIL

76 Maschen in Rot mit Nadel Nr. 3,5 anschlagen.

EINTEILUNG

1 RM / 17 M kraus re. / 2 M glatt li. / 8 M re. (Zopf) / 20 M glatt li. / 8 M re. (Zopf) / 2 M glatt li. / 17 M kraus re. / 1 RM. 4 Reihen abstricken, wie die Maschen erscheinen.

Schräglaufendes Zopfmuster (siehe Abb.)

* 1 RM / 17 M kraus re. / 1 M aus dem Querfaden herausstricken / 2 M glatt li. / 8 M re. (Zopf) und in dieser Reihe mit dem Zopfmuster beginnen (siehe Strickmuster) / 2 M li. zusammenstricken / 16 M glatt li. / 2 M li. zusammenstricken / 8 M re (Zopf) / 2 M li. / 1 M aus dem Querfaden herausstricken / 17 M kraus re. / 1 RM. Die Rückreihe stricken, wie die Maschen erscheinen.

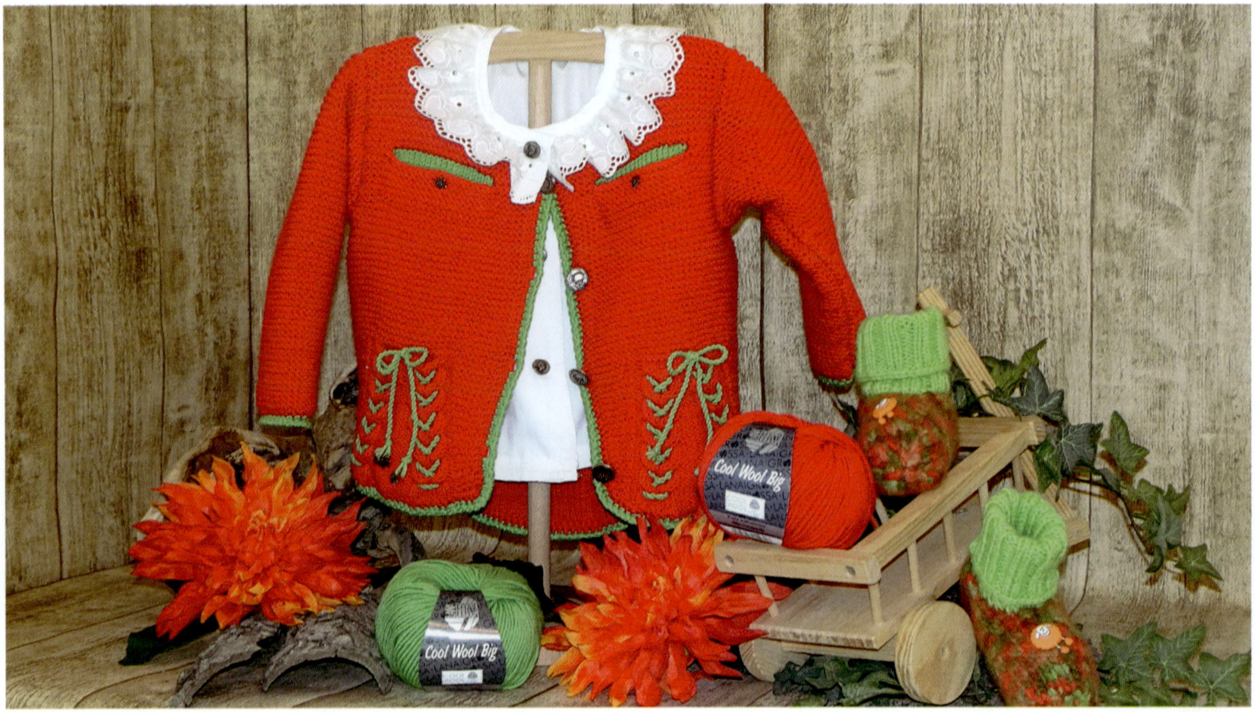

1 Vorderreihe stricken.
1 Rückreihe stricken. *

Von * bis * bis zu einer Höhe von 15 cm ab Anschlag wiederholen.
Dann über alle Maschen in kraus re. weiterstricken.
Nach 22 cm ab Anschlag 3 x 2 Maschen beidseitig abketten.
Bei 33 cm Höhe ab Anschlag für den Halsausschnitt die mittleren 30 Maschen abketten, dann für den Hals 1 x 3 M / 1 x 2 M beidseitig abketten.
Bei einer Gesamthöhe von 36 cm die restlichen 12 Maschen für die Schulter abketten.

VORDERTEIL

40 Maschen in Rot mit Nadel Nr. 3,5 anschlagen.

EINTEILUNG

1 RM / 3 M kraus re. / 2 M glatt li. / 8 M re. (Zopf) / 12 M glatt li. / 8 M re. (Zopf) / 2 M glatt li. / 3 M kraus re. / 1 RM.
4 Reihen abstricken, wie die Maschen erscheinen.

Schräglaufendes Zopfmuster (siehe Abb.)

* 1 RM / 4 M kraus re. / 1 M aus dem Querfaden herausstricken / 2 M glatt li. / 8 M re. (Zopf) und in dieser Reihe mit dem Zopfmuster beginnen (siehe Strickmuster) / 2 M li. zusammenstricken / 12 M glatt li. / 2 M li. zusammenstricken / 8 M re (Zopf) / 2 M li. / 1 M aus dem Querfaden herausstricken / 4 M kraus re. / 1 RM.
Rückreihe stricken, wie die Maschen erscheinen.
1 Vorderreihe stricken.
1 Rückreihe stricken. *

Von * bis * bis zu einer Höhe von 15 cm ab Anschlag wiederholen.
Dann über alle Maschen in kraus re. weiterstricken.

Nach 22 cm ab Anschlag 3 x 2 Maschen abketten.
Nach 5 cm ab dem Armloch die Tasche einarbeiten.

EINTEILUNG FÜR DIE TASCHE

1 RM / 6 M kraus re./ 18 M abketten / 6 M kraus re. / 1 RM.
In der Rückreihe an der Stelle der abgeketteten Maschen den Taschenbeutel in Grün einsetzen.
Bei 30 cm Höhe ab Anschlag für den Halsausschnitt 1 x 7 M / 1 x 5 M / 1 x 3 M / 2 x 2 M und 3 x 1 M abketten.
Bei einer Gesamthöhe von 36 cm die restlichen 12 Maschen für die Schulter abketten.
Das zweite Vorderteil gegengleich arbeiten.

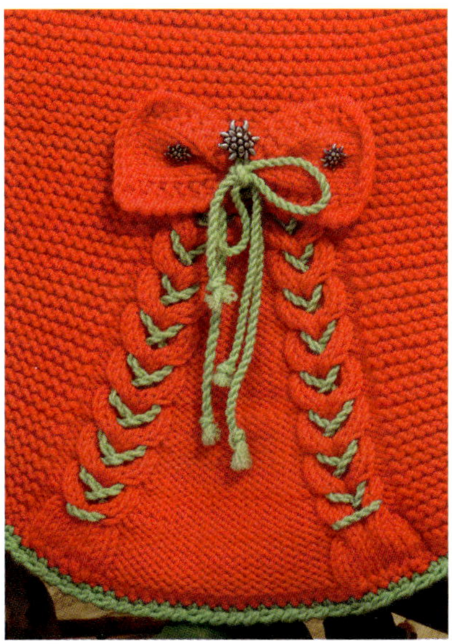

ÄRMEL

34 Maschen in Rot mit Nadel Nr. 3,5 anschlagen und kraus re. stricken.
Beidseitig auf die Länge von 23 cm 13 x 1 Masche (jede 6. Reihe) verteilt zunehmen.
Für die Armschräge nach 23 cm 3 x 2 Maschen beidseitig abketten.
Die restlichen 48 Maschen abketten.
Den zweiten Ärmel gleich stricken.

SCHLEIFE IN ROT

12 Maschen anschlagen.
1 Rippe kraus re. stricken.
Dann folgende Einteilung: 1 RM / 2 M kraus re / 6 M glatt re. / 2 M kraus re. / 1 RM.
Nach 6 cm stricken, wie die Maschen erscheinen, noch 1 Rippe kraus re. stricken und dann alle Maschen abketten.

AUSARBEITUNG

Alle Nähte schließen.

Blende, Kragen und Bund

Die rechte Seite der Blende sowie den Kragen und die linke Seite der Blende und den Bund an Vorderteil und Rückenteil werden an einem Stück umhäkelt.
Hierfür 1 Reihe feste Maschen in Rot häkeln, dann eine Reihe feste Maschen in Grün.

BEACHTEN

Knopflöcher in dieser Reihe an der linken Seite einhäkeln.

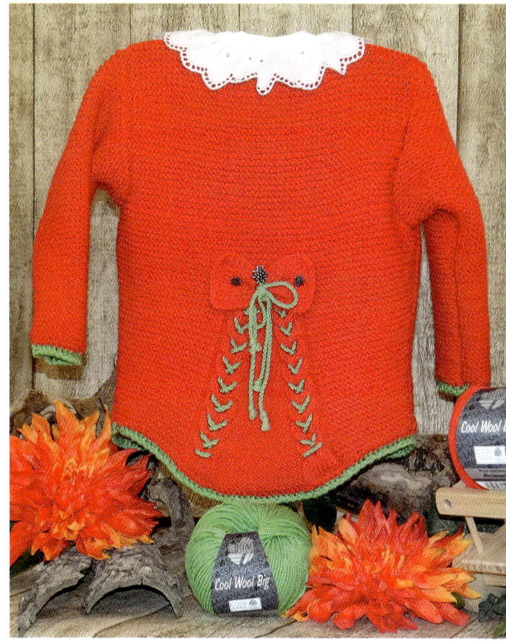

Zuletzt 1 Reihe Krebsmaschen in Grün (siehe Abbildung).
6 lange Kordeln mit doppeltem Faden in Grün drehen und diese mit einer kleinen Sicherheitsnadel durch den Zopf durchziehen (siehe Abbildung). Am Ende eine Schleife machen.
Am Rückenteil die Schleife in der Mitte zusammenraffen und mit den Kordeln aus den Zöpfen zusammenbinden und annähen (siehe Abbildung).
Knöpfe und Edelweiß nach Abbildung annähen.
Die Ärmel einnähen.

3 SÜSSE KLEINE LADY IN PINK

MATERIAL

Größe 74/80

Lana Grossa Cool Wool Big
Lauflänge: 120 m/50 g
100 % Schurwolle

100 g Pink, Fb. 690	Häkelnadel Nr. 3
100 g Rosa, Fb. 915	Stricknadel Nr. 3,5
50 g Grün, Fb. 941	

5 Knöpfe von Seco, Art. Nr. 98091

Dekoknöpfe: 3 Edelweiß,
1 Brezel von Union Knopf

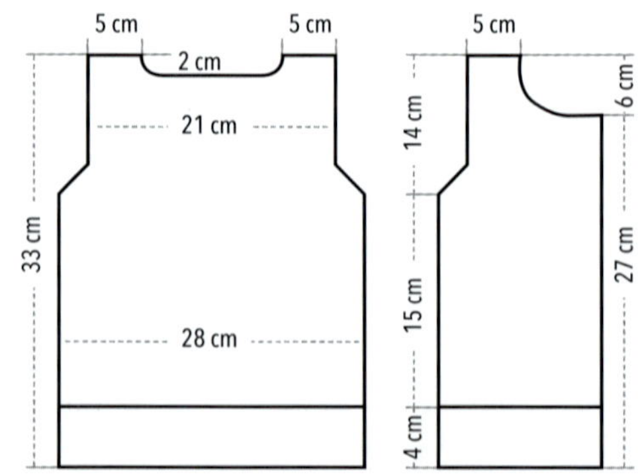

STRICKMUSTER

1 Rippe kraus re.:	1 Vorderreihe re. / 1 Rückreihe re.
glatt re.:	1 Vorderreihe re. / 1 Rückreihe li.
glatt li.:	1 Vorderreihe li. / 1 Rückreihe re.
Taschenbeutel:	14 Maschen Anschlag in Grün 5 cm glatt re stricken, Maschen stilllegen.
Zopfmuster Nr. 1:	bestehend aus 8 Maschen für das Rückenteil: 4 M auf eine Hilfsnadel nach hinten legen / 4 M glatt re. / dann die 4 M von der Hilfsnadel glatt re. abstricken. 1 Rückreihe li. / 1 Vorderreihe re. / 1 Rückreihe li. / 1 Vorderreihe re. / 1 Rückreihe li. Dann wieder zopfen und fortlaufend wiederholen.
Zopfmuster Nr. 2:	bestehend aus 6 Maschen für das Vorderteil: 3 M auf eine Hilfsnadel nach hinten legen / 3 M glatt re. / dann die 3 M von der Hilfsnadel glatt re. abstricken. 1 Rückreihe li. / 1 Vorderreihe re. / 1 Rückreihe li. / 1 Vorderreihe re. / 1 Rückreihe li. Dann wieder zopfen und fortlaufend wiederholen.
Knopfloch:	2 M abketten auf der Vorderreihe / 2 Umschläge in der Rückreihe machen und in der nächsten Vorderreihe die Umschläge re. verschränkt abstricken.

RÜCKENTEIL

74 Maschen in Rosa mit Nadel Nr. 3,5 anschlagen.
4 Rippen kraus re. in Rosa.
1 Rippe kraus re. in Pink.
1 Rippe kraus re. in Rosa.
4 Rippen kraus re. in Pink.

EINTEILUNG FÜR RÜCKENTEIL MIT ZOPFMUSTER NR. 1 IN PINK

1 RM / 32 M glatt re. / 2 M glatt li. / 4 M Zopf stricken und hierbei aus den 4 M noch 4 zusätzliche Maschen zunehmen = 8 M / 2 M glatt li. / 32 M glatt re. / 1 RM.

Ab der Einteilung 13 cm in Pink stricken, dann 4 Rippen kraus re. in Pink, hierbei das Zopfmuster fortlaufend weiterarbeiten und dann mit dem Armloch beginnen (bei 19 cm ab Anschlag).
Hierfür in Rosa 4 Rippen kraus re. weiterarbeiten und 4 x 1 Masche beidseitig abnehmen.
Die folgenden 10 cm glatt re. in Rosa und mit Zopfmuster weiterarbeiten (siehe Abbildung).
In der letzten Rückreihe im Zopfmuster jeweils 4 x 2 M zusammenstricken = 4 Maschen.
Zwei Rippen kraus re. über alle Maschen stricken, dann mit dem Halsausschnitt beginnen.
Hierfür die mittleren 26 Maschen abketten, anschließend 1 x 2 M / 1 x 1 M beidseitig abnehmen.
Die restlichen 17 Maschen für die Schulter abketten.

VORDERTEIL, RECHTS

37 Maschen in Rosa mit Nadel Nr. 3,5 anschlagen.

EINTEILUNG FÜR DAS VORDERTEIL IN ROSA

1 RM / 27 M kraus re. / 2 M glatt li. / 4 M glatt re. / Zopfmuster Nr. 2 und hierbei aus den 4 M noch 2 zusätzliche Maschen zunehmen = 6 M / 2 M glatt li. / 1 RM.

In den folgenden Reihen das Zopfmuster Nr. 2 fortlaufend wiederholen.
4 Rippen kraus re. in Rosa.
1 Rippe kraus re. in Pink.
1 Rippe kraus re. in Rosa.
4 Rippen kraus re. in Pink.

NEUE EINTEILUNG NACH BUND IN PINK

1 RM / 27 M glatt re. / 2 M glatt li. / 6 M glatt re. Zopfmuster Nr. 2 / 2 M glatt li. / 1 RM.
Diese Einteilung über 4 cm weiterstricken und dann das Herzdiagramm in der Vorderreihe in Grün einstricken.

EINTEILUNG FÜR DAS HERZDIAGRAMM

1 RM / 12 M glatt re. in Pink / 1 M glatt re. in Grün / 12 M glatt re. in Pink /2 M glatt li. /
6 M Zopfmuster Nr. 2 / 2 M glatt li. / 1 RM.
Weiter im Herzdiagramm stricken und das Zopfmuster fortlaufend weiterarbeiten.
Nach dem Herzdiagramm in Pink bis 17 cm ab Anschlag weiterarbeiten.
Dann 4 Rippen kraus re. in Pink, hier-

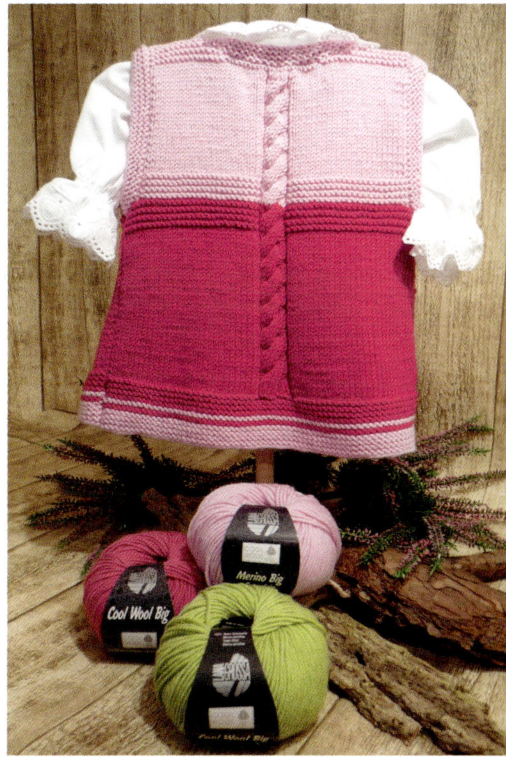

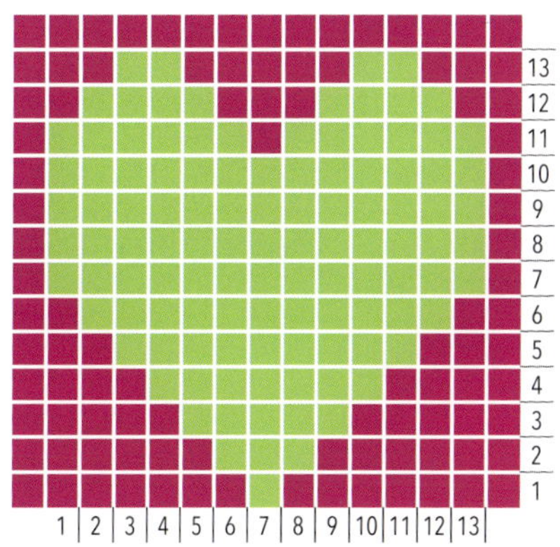

Herzdiagramm

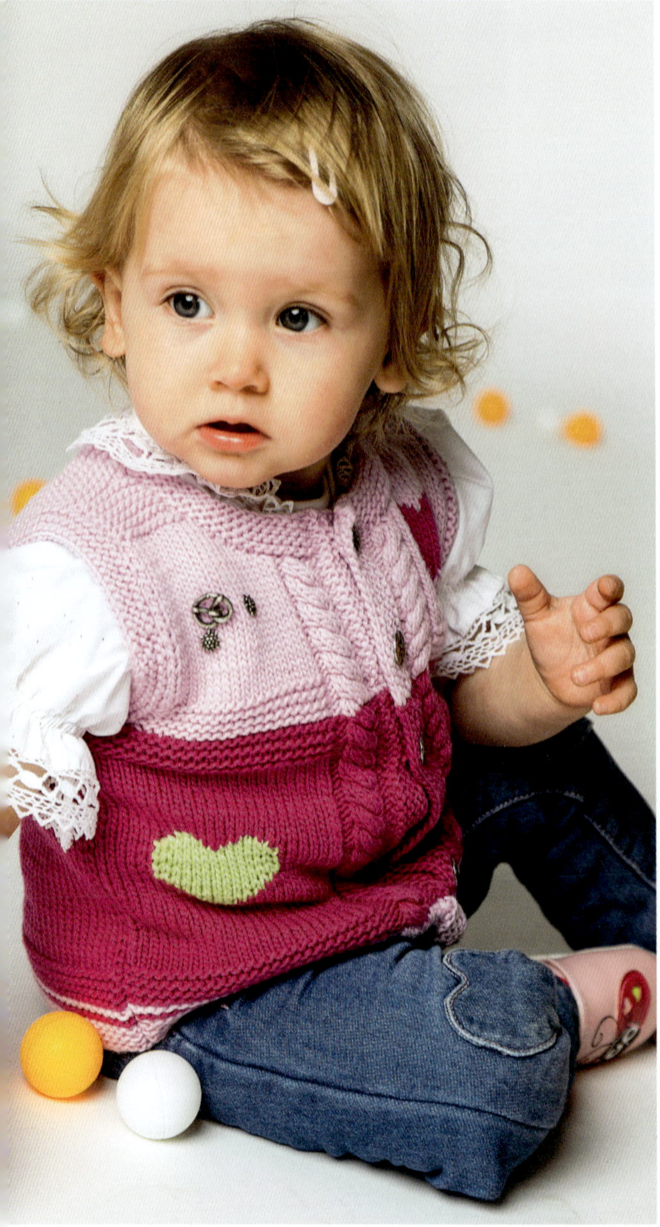

bei das Zopfmuster fortlaufend weiterarbeiten und dann mit dem Armloch beginnen (bei 19 cm ab Anschlag).

Hierfür in Rosa 4 Rippen kraus re. weiterarbeiten und 4 x 1 Masche für das Armloch abnehmen.
Die folgenden 10 cm glatt re. in Rosa und mit Zopfmuster weiterarbeiten (siehe Abbildung).
In der letzten Rückreihe im Zopfmuster jeweils 2 x 2 M zusammenstricken = 4 Maschen.
Bei 27 cm ab Anschlag mit dem Halsausschnitt beginnen.
Hierfür 1 x 6 M / 1 x 4 M / 1 x 3 M / 1 x 2 M und 1 x 1 M abnehmen. Musterfolge wie beim Rückenteil weiterarbeiten.
Die restlichen 17 Maschen für die Schulter abketten.

VORDERTEIL, LINKS

Das zweite Vorderteil gegengleich arbeiten, jedoch an der Stelle des Herzens die Tasche einstricken.

EINTEILUNG FÜR TASCHE

1 RM / 2 M glatt li. / 6 M glatt re. Zopfmuster Nr. 2 / 2 M glatt li. / 5 M glatt re. / 14 M abketten / 5 M glatt re. / 1 RM. In der Rückreihe den Taschenbeutel an der Stelle der abgeketteten Maschen einsetzen.

AUSARBEITUNG

Alle Nähte schließen.

Für den Kragen in Rosa

72 Maschen mit Nadel Nr. 3,5 auffassen. Die aufgefassten Maschen in der ersten Reihe re. verschränkt abstricken und dann noch 4 Rippen kraus re. stricken. Dann alle Maschen abketten.

Für die Blende in den jeweiligen passenden Farben

65 Maschen auffassen. Die aufgefassten Maschen in der ersten Reihe re. verschränkt abstricken und dann noch 4 Rippen kraus re. stricken. Dann alle Maschen abketten. Am Vorderteil der li. Seite 5 Knopflöcher einarbeiten.

Für die Armblende in Rosa

68 Maschen auffassen. Die aufgefassten Maschen in der ersten Reihe re. verschränkt abstricken und dann noch 3 Rippen kraus re. stricken. Dann alle Maschen abketten.

Die Tasche mit Häkelnadel Nr. 3 mit einer Reihe fester Maschen umhäkeln.

Die Knöpfe und die Dekoration nach Bild annähen.

4 TRADITIONELLER LANDHAUS-JANKER IN GRAU-GRÜN

Größe 74/80

MATERIAL

Lana-Grossa Cool Wool Big
Lauflänge: 120 m/50 g

250 g Grau, Fb. 617
50 g, Grün Fb. 949

Stricknadel Nr. 3,5

5 Knöpfe von Union Knopf
Trachtenknopf

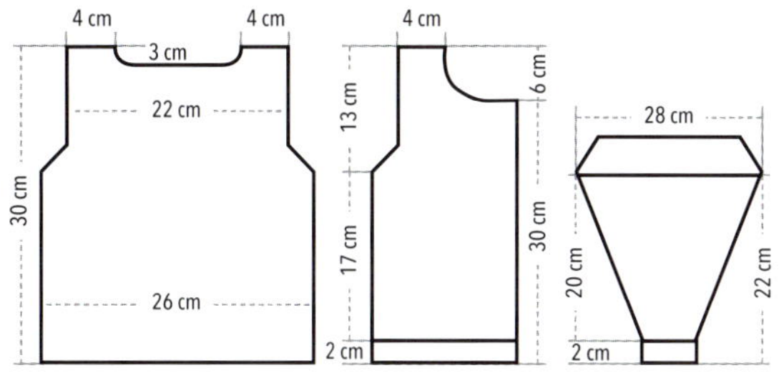

MASCHENPROBE

19 M = 26 Reihen =10 cm

STRICKMUSTER

1 Rippe kraus re.: 1 Vorderreihe re. / 1 Rückreihe re.

glatt li.: 1 Vorderreihe li. / 1 Rückreihe re.

glatt re.: 1 Vorderreihe re. / 1 Rückreihe li.

0: ohne Abnahme, 1 Vorderreihe und 1 Rückreihe

rechts verschränkte Maschen: mit der Nadel ins hintere Maschenglied einstechen und re. abstricken

RÜCKENTEIL

62 Maschen mit Nadel Nr. 3,5 in Grün anschlagen.
4 Rippen kraus re. stricken.
Dann in der Farbe Grau weiterstricken und dabei 8 Maschen verteilt zunehmen.

EINTEILUNG

34 M kraus re. stricken / 2 M li. / 34 M kraus re.

Nach 17 cm für das Armloch beidseitig 3 x 2 Maschen in jeder Vorderreihe abnehmen. Nach 10 cm ab dem Armloch die mittleren 26 Maschen für den Halsausschnitt abketten. Dann in jeder 2. Reihe 3 M / 2 M / 0 M / 0 M / 0 M beidseitig abketten. Die restlichen 11 Maschen abketten.

VORDERTEIL

30 Maschen in Grün anschlagen.
4 Rippen kraus re. stricken.
Dann in Grau weiterstricken und dabei 5 Maschen verteilt zunehmen.
7 cm kraus re. stricken, dann für den Taschenbeutel 11 Maschen stricken, 13 Maschen abketten, 11 Maschen stricken.

TASCHENBEUTEL

In Grün glatt rechts auf einer anderen Nadel arbeiten. Dabei 13 Maschen anschlagen und 7 cm stricken. Dann im Vorderteil auf der Rückreihe wieder einfügen = 11 Maschen stricken, dann die 13 Maschen vom Taschenbeutel abstricken und dann die restlichen 11 Maschen abstricken.

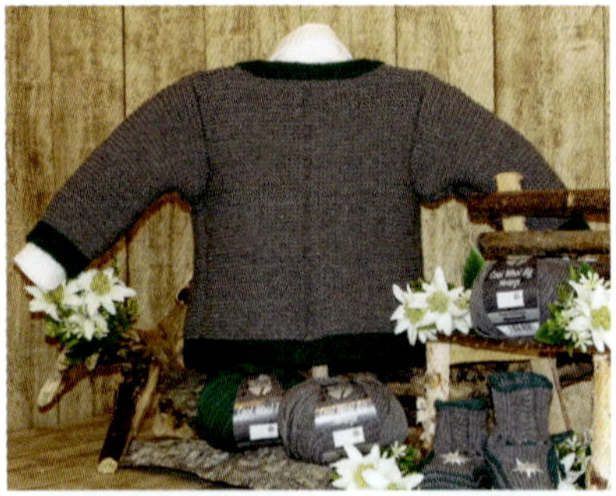

AUSARBEITUNG

Alle Nähte schließen.

Blende am Halsausschnitt

72 Maschen auffassen, 4 Rippen kraus re. stricken, dann abketten.

Blende rechtes Vorderteil

52 Maschen in Grün auffassen, 4 Rippen kraus re. stricken, dann abketten.

Blende linkes Vorderteil

52 Maschen in Grün auffassen, 1 Rippe kraus re., dann 5 Knopflöcher einstricken. Für ein Knopfloch 2 Maschen in der Vorderreihe abketten, 2 Umschläge in der Rückreihe an der Stelle der abgeketteten Maschen machen und die 2 Umschläge in der Vorderreihe rechts verschränkt abstricken. Die Rückreihe abstricken und dann abketten.

Taschenbeutel nach Fertigstellung auf der Rückseite in Grau annähen.
Bei 17 cm für das Armloch 3 x 2 Maschen abketten.
Nach 7 cm ab dem Armloch für den vorderen Halsausschnitt 6 M / 4 M / 3 M / 2 M / 3 x 1 M / 4 x 0 M in jeder zweiten Reihe abnehmen. Die restlichen 11 Maschen abketten.
Das zweite Vorderteil gegengleich arbeiten.

ÄRMEL

36 Maschen in Grün anschlagen, 4 Rippen kraus re. stricken, dann 6 Maschen verteilt in Grau zunehmen. Beidseitig auf einer Länge von 18 cm 8 x 1 Masche zunehmen.
Nach 18 cm für die Armschräge 3 x 2 Maschen in jeder zweiten Reihe beidseitig abnehmen.

Die restlichen 46 Maschen abketten.
Den zweiten Ärmel gleich arbeiten.

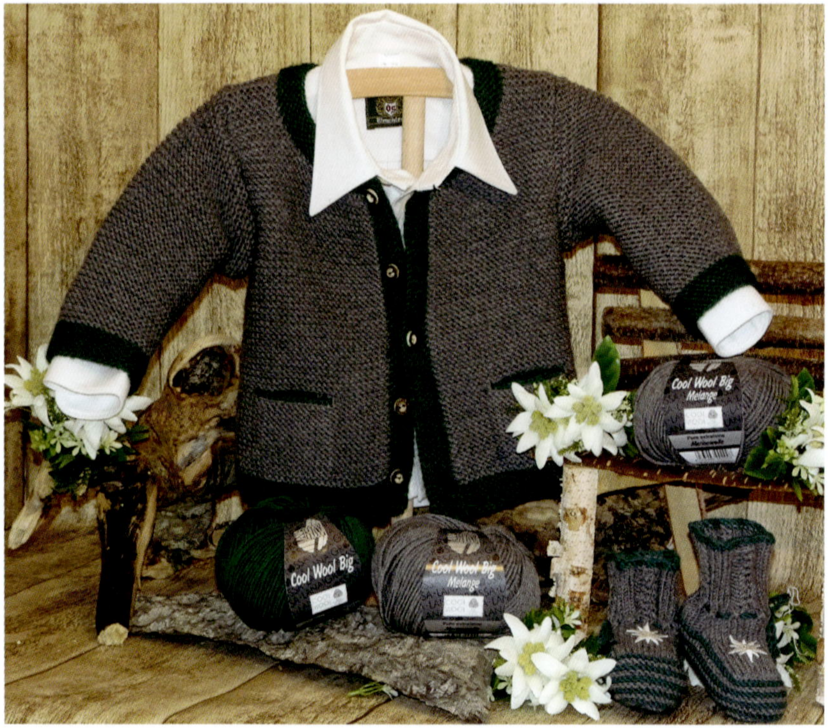

5 FESTTAGSJACKE IM LANDHAUS-STIL IN GRAU-GRÜN-ROT

MATERIAL

Größe 74/80

Lana Grossa Cool Wool Big
Lauflänge: 120 m/50 g
100 % Schurwolle

300 g Hellgrau, Fb. 616	Stricknadel Nr. 3,5
50 g Grün, Fb. 949	Stricknadel Nr. 3,0
50 g Rot, Fb. 923	Häkelnadel Nr. 3

5 Knöpfe von Union Knopf
2 Brezeln von Union Knopf
4 kleine Edelweiß von Union Knopf
3 große Edelweiß von Union Knopf

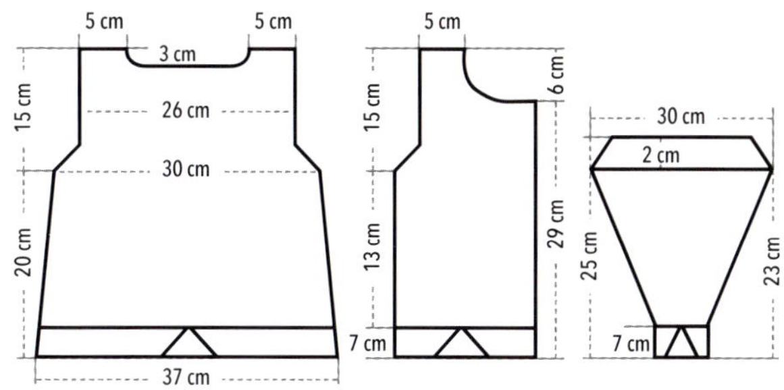

STRICKMUSTER

1 Rippe kraus re.: 1 Vorderreihe re. / 1 Rückreihe re.

glatt re.: 1 Vorderreihe re. / 1 Rückreihe li.

glatt li.: 1 Vorderreihe li. / 1 Rückreihe re.

gr. Perlmuster: Vorderreihe: 1 M re. / 1 M li. usw.
Rückreihe: abstricken, wie die Maschen erscheinen.
Vorderreihe: 1 M li. / 1 M re. usw.
Rückreihe: abstricken, wie die Maschen erscheinen (das bedeutet, in jeder Vorderreihe das Muster zu versetzen).

Taschenbeutel: in Rot 16 M glatt re. mit Nadel Nr. 3,5 stricken 3 cm hoch stricken.

Zopfmuster: über 8 Maschen stricken
1. Reihe: 2 M auf eine Hilfsnadel nach hinten legen, 2 M re. abstricken, dann die Maschen von der Hilfsnadel re. abstricken.
2 M auf eine Hilfsnadel vor die Arbeit legen, dann 2 M re. abstricken, dann die Maschen von der Hilfsnadel re. abstricken.
1 Rückreihe glatt li.
1 Vorderreihe glatt re.
1 Rückreihe glatt li.
1 Vorderreihe wieder zopfen (Vorgang wiederholen).

Knopfloch: 2 M abketten in der Vorderreihe, 2 Umschläge in der Rückreihe an der Stelle der abgeketteten Maschen arbeiten, die Umschläge in der folgenden Vorderreihe re. verschränkt abstricken.

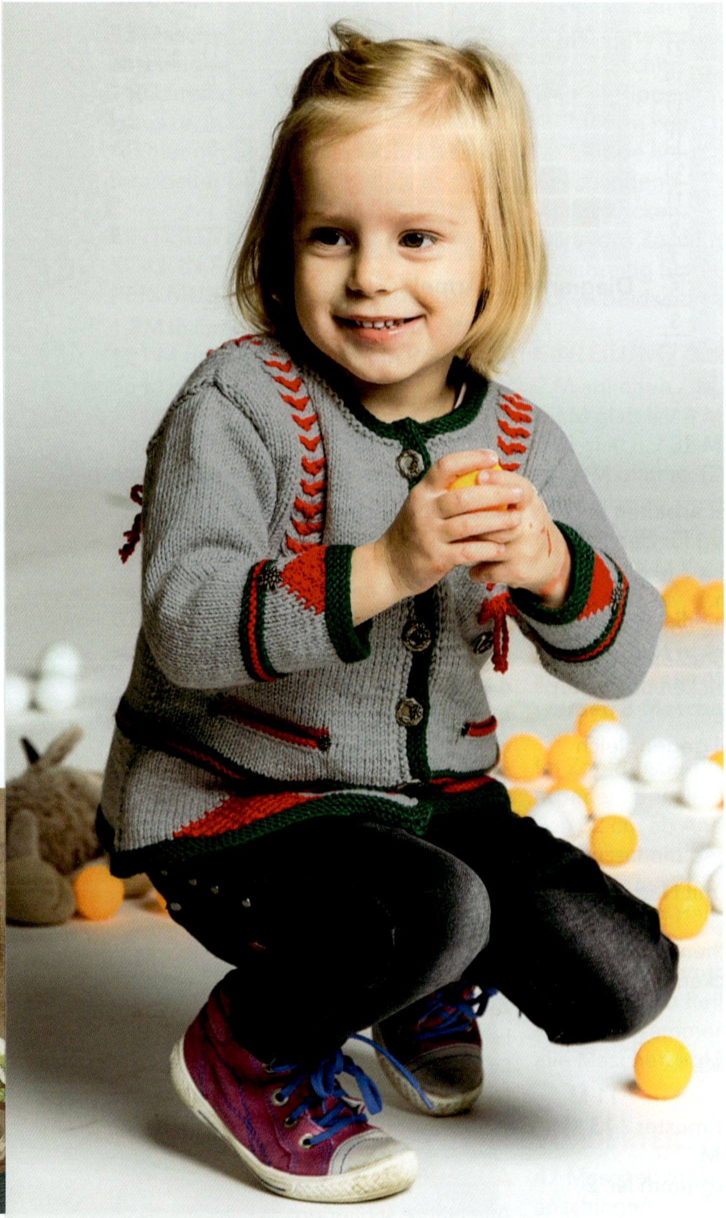

Für den Kragen

70 Maschen in Grau auffassen und die erste Reihe in der Vorderreihe re. verschränkt abstricken.
1 Rippe kraus re. in Grau, 2 Rippen kraus re. in Grün stricken und dann alle Maschen abketten.

Für die Blenden

72 Maschen in Grau auffassen und die erste Reihe in der Vorderreihe re. verschränkt abstricken.
1 Rippe kraus re. in Grau, 2 Rippen kraus re. in Grün stricken und dann alle Maschen abketten.

BEACHTEN

Auf der linken Seite 5 Knopflöcher in die Blende einarbeiten.

Tasche mit Häkelnadel Nr. 3 mit einer Reihe fester Maschen in Rot umhäkeln.
4 Kordeln zweifädig in Rot drehen und durch die Zöpfe im Vorderteil und im Rückenteil mit einer kleinen Sicherheitsnadel durchziehen (siehe Abbildung) Die Knöpfe, die Deko-Brezel und die Edelweiße nach Abbildung aufnähen.

5 FESTTAGSJACKE IM LANDHAUS-STIL IN GRAU-GRÜN-ROT

MATERIAL

Größe 74/80

Lana Grossa Cool Wool Big
Lauflänge: 120 m/50 g
100 % Schurwolle

300 g Hellgrau, Fb. 616	Stricknadel Nr. 3,5
50 g Grün, Fb. 949	Stricknadel Nr. 3,0
50 g Rot, Fb. 923	Häkelnadel Nr. 3

5 Knöpfe von Union Knopf
2 Brezeln von Union Knopf
4 kleine Edelweiß von Union Knopf
3 große Edelweiß von Union Knopf

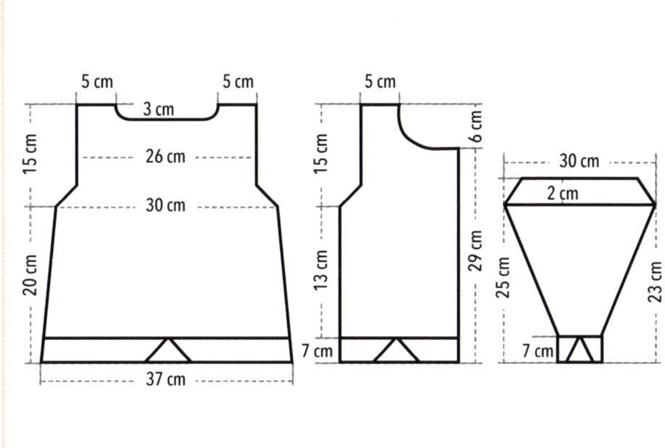

STRICKMUSTER

1 Rippe kraus re.: 1 Vorderreihe re. / 1 Rückreihe re.

glatt re.: 1 Vorderreihe re. / 1 Rückreihe li.

glatt li.: 1 Vorderreihe li. / 1 Rückreihe re.

gr. Perlmuster: Vorderreihe: 1 M re. / 1 M li. usw.
Rückreihe: abstricken, wie die Maschen erscheinen.
Vorderreihe: 1 M li. / 1 M re. usw.
Rückreihe: abstricken, wie die Maschen erscheinen (das bedeutet, in jeder Vorderreihe das Muster zu versetzen).

Taschenbeutel: in Rot 16 M glatt re. mit Nadel Nr. 3,5 stricken 3 cm hoch stricken.

Zopfmuster: über 8 Maschen stricken
1. Reihe: 2 M auf eine Hilfsnadel nach hinten legen, 2 M re. abstricken, dann die Maschen von der Hilfsnadel re. abstricken.
2 M auf eine Hilfsnadel vor die Arbeit legen, dann 2 M re. abstricken, dann die Maschen von der Hilfsnadel re. abstricken.
1 Rückreihe glatt li.
1 Vorderreihe glatt re.
1 Rückreihe glatt li.
1 Vorderreihe wieder zopfen
(Vorgang wiederholen).

Knopfloch: 2 M abketten in der Vorderreihe,
2 Umschläge in der Rückreihe an der Stelle der abgeketteten Maschen arbeiten, die Umschläge in der folgenden Vorderreihe re. verschränkt abstricken.

RÜCKENTEIL

93 Maschen in Grün mit Nadel Nr. 3 anschlagen.
1 Rückreihe re. Maschen, 3 Rippen kraus re. in Grün stricken.
Ab hier mit Stricknadel Nr. 3,5 weiterarbeiten!

EINTEILUNG FÜR DIE MUSTERECKE IN ROT IM GROSSEN PERLMUSTER (siehe Abbildung)

1 RM in Grau / 35 M glatt re. in Grau / 21 M großes Perlmuster in Rot / 35 M glatt re. in Grau / 1 RM.

Nach der Einteilung der Musterecke nach Diagramm Nr. 1 weiterarbeiten.

BEACHTEN

Für die seitliche Schräge 4 x 1 M beidseitig auf den ersten 6,5 cm in Grau glatt re. mit der Musterecke abnehmen.

Nach der Musterecke noch 1 Reihe rechts und 1 Reihe li. in Grau stricken.

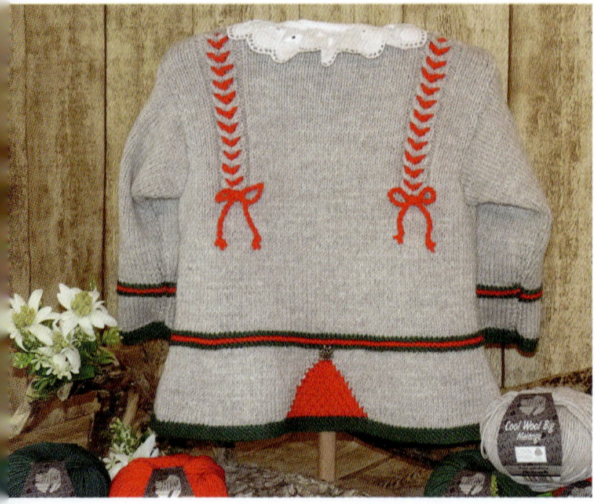

In der letzten Reihe in Grau 9 x 2 Maschen verteilt zusammenstricken = 76 Maschen.
Dann 1 Rippe kraus re. in Grün,
1 Rippe kraus re. in Rot,
1 Rippe kraus re. in Grün.
Anschließend 11 cm glatt re. in Grau weiterstricken.
Dann das Zopfmuster einteilen und gleichzeitig für das Armloch 3 x 2 Maschen beidseitig abketten.

EINTEILUNG ZOPF

2 M abketten / 14 M glatt re. in Grau / 2 M glatt li. / 4 M glatt re. (Zopf) / 2 M glatt li. / 32 M glatt re. / 2 M glatt li. / 4 M glatt re. (Zopf) / 2 M glatt li. / 16 M glatt re. (in der Rückreihe 2 M für die Armschräge abketten).

BEACHTEN

In der Rückreihe nach der Einteilung im Zopf je 4 Maschen pro Zopf zunehmen (aus 4 Maschen glatt re. werden 8 Maschen).

Im Zopfmuster über 13 cm weiterarbeiten. Bei einer Gesamthöhe von 32 cm ab Anschlag mit dem Halsausschnitt beginnen. Hierfür die mittleren 20 Maschen abketten, dann für den Hals noch 1 x 3 M / 1 x 2 M beidseitig abketten.
Bei einer Gesamthöhe von 35 cm in der vorletzten Reihe im Zopfmuster 4 x 2 M zusammenstricken und dann alle Maschen abketten.

VORDERTEIL

47 Maschen in Grün mit Nadel Nr. 3 anschlagen.
1 Rückreihe re. Maschen, 3 Rippen kraus re. in Grün stricken.
Weiterarbeiten mit Stricknadel Nr. 3,5!

EINTEILUNG DER MUSTERECKE IN ROT IM GROSSEN PERLMUSTER

(siehe Abbildung)
1 RM in Grau / 12 M glatt re. in Grau / 21 M großes Perlmuster in Rot / 12 M glatt re. in Grau / 1 RM.
Nach der Einteilung der Musterecke nach Diagramm Nr. 1 weiterarbeiten.

BEACHTEN

Für die seitliche Schräge 4 x 1 M auf den ersten 6,5 cm in Grau glatt re. mit Musterecke abnehmen.

Nach der Musterecke noch 1 Reihe re. und 1 Reihe li. in Grau stricken.
In der letzten Reihe in Grau noch 5 x 2 M verteilt zusammenstricken = 38 Maschen.
Dann 1 Rippe kraus re. in Grün,
1 Rippe kraus re. in Rot,
1 Rippe kraus re. in Grün.
2,5 cm glatt re. in Grau weiterstricken.
Dann die Tasche einstricken.

EINTEILUNG TASCHE

Vorderreihe: 1 RM / 10 M glatt re. / 16 M abketten / 10 M glatt re. / 1 RM.
Rückreihe: abstricken, wie die Maschen erscheinen, jedoch an der Stelle der abgeketteten Maschen den Taschenbeutel in Rot einfügen.
In glatt re. und in Grau noch 8,5 cm weiterstricken.
Dann das Zopfmuster einteilen und gleichzeitig für das Armloch 3 x 2 Maschen abketten.

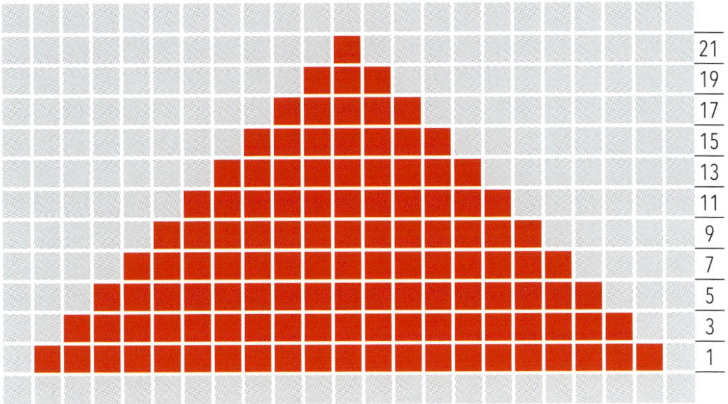

Diagramm 1: Rücken- und Vorderteile

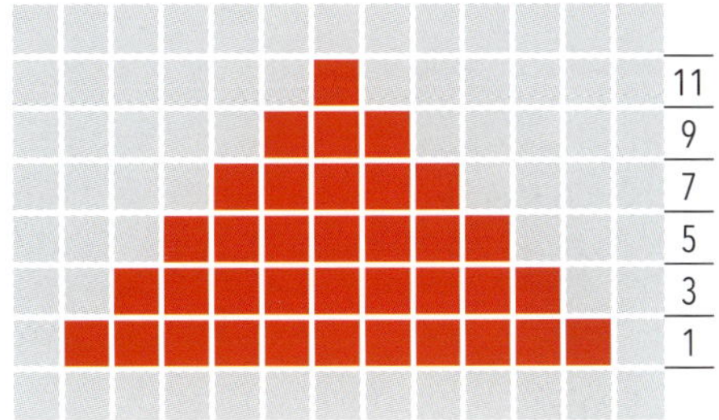

Diagramm 2: Ärmel

EINTEILUNG ZOPF

2 M abketten / 14 M glatt re. in Grau / 2 M glatt li. / 4 M glatt re. (Zopf) / 2 M glatt li. / 15 M glatt re. / 1 RM.

BEACHTEN

In der Rückreihe nach der Einteilung im Zopf je 4 Maschen im Zopf zunehmen (aus 4 Maschen glatt re. werden 8 Maschen).

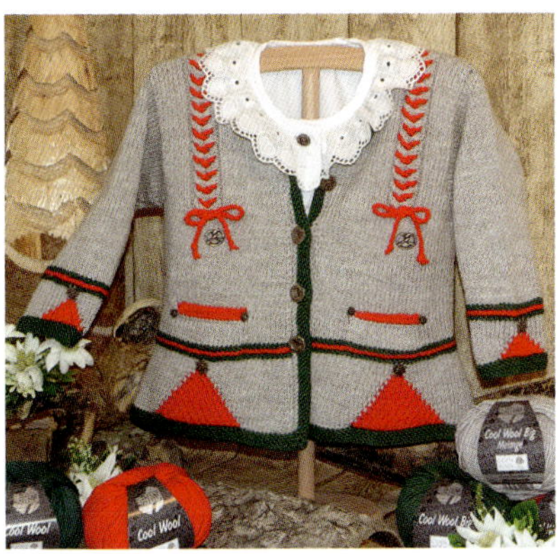

Weiter im Zopfmuster arbeiten und bei 29 cm ab Anschlag für den Halsausschnitt 1 x 5 M / 1 x 3 M / 2 x 2 M und 3 x 1 M abketten.
Bei einer Gesamthöhe von 35 cm in der vorletzten Reihe im Zopfmuster 4 x 2 M zusammenstricken und dann alle Maschen abketten.
Das zweite Vorderteil gegengleich stricken.

ÄRMEL

39 Maschen in Grün mit Nadel Nr. 3 anschlagen.
1 Rückreihe re. Maschen, 3 Rippen kraus re. in Grün stricken.

EINTEILUNG FÜR KLEINE MUSTERECKE

1 RM / 13 M in Grau glatt re. / 11 M in Rot im großem Perlmuster / 13 M in Grau glatt re. / 1 RM.
Musterecke nach Diagramm Nr. 2 einstricken.

Nach der Musterecke noch 1 Reihe rechts und 1 Reihe li. in Grau stricken.

BEACHTEN

In der letzten Reihe in Grau noch 4 Maschen verteilt zunehmen = 43 Maschen.

1 Rippe kraus re. in Grün,
1 Rippe kraus re. in Rot,
1 Rippe kraus re. in Grün.

Nun in Grau und glatt re. 17 cm stricken und hierbei 10 x 1 M (in jeder 6. Reihe) beidseitig zunehmen.
Bei einer Gesamthöhe von 23 cm ab Anschlag für die Armschräge 3 x 2 M beidseitig abketten.
Die restlichen 51 Maschen abketten.
Den zweiten Ärmel gleich arbeiten.

AUSARBEITUNG

Alle Nähte schließen.

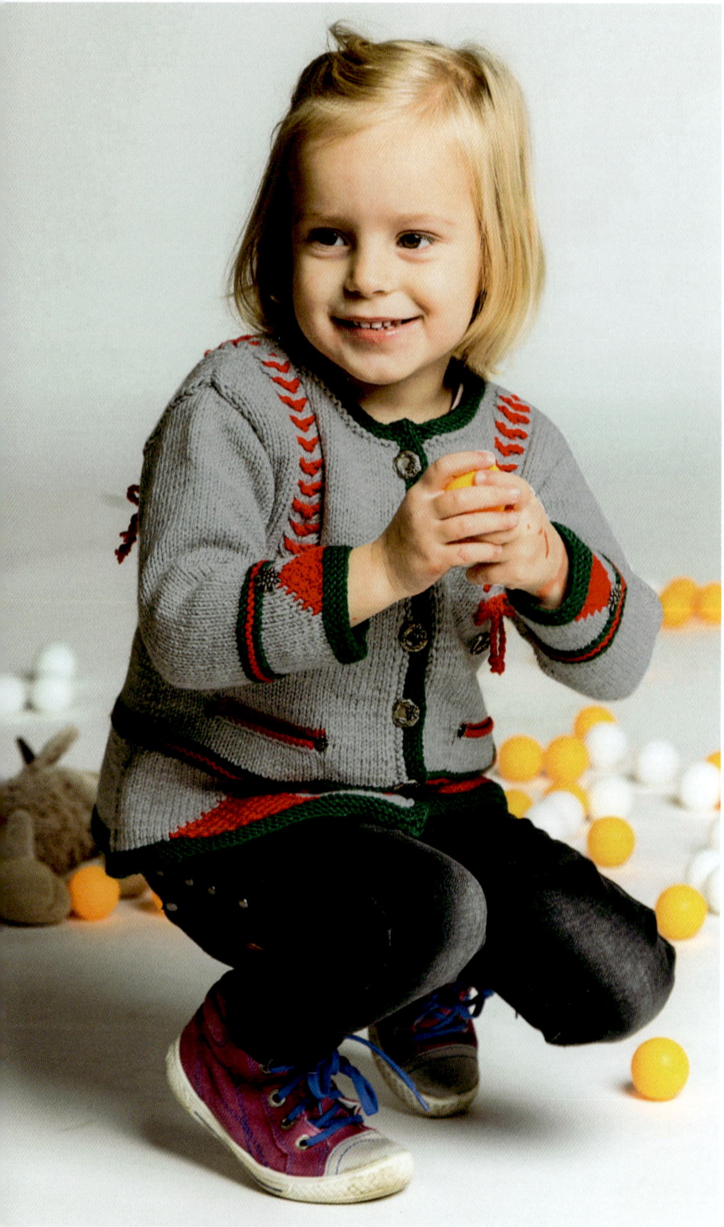

Für den Kragen

70 Maschen in Grau auffassen und die erste Reihe in der Vorderreihe re. verschränkt abstricken.
1 Rippe kraus re. in Grau, 2 Rippen kraus re. in Grün stricken und dann alle Maschen abketten.

Für die Blenden

72 Maschen in Grau auffassen und die erste Reihe in der Vorderreihe re. verschränkt abstricken.
1 Rippe kraus re. in Grau, 2 Rippen kraus re. in Grün stricken und dann alle Maschen abketten.

BEACHTEN

Auf der linken Seite 5 Knopflöcher in die Blende einarbeiten.

Tasche mit Häkelnadel Nr. 3 mit einer Reihe fester Maschen in Rot umhäkeln.
4 Kordeln zweifädig in Rot drehen und durch die Zöpfe im Vorderteil und im Rückenteil mit einer kleinen Sicherheitsnadel durchziehen (siehe Abbildung)
Die Knöpfe, die Deko-Brezel und die Edelweiße nach Abbildung aufnähen.

6 ZÜNFTIGE SONNTAGSWESTE MIT RENTIEREN

MATERIAL

Größe 74/80

Lana Grossa Cool Wool Big
Lauflänge: 120 m/50 g
100 % Schurwolle

100 g Hellgrau, Fb. 616
100 g Dunkelgrau, Fb. 618

Stricknadel Nr. 3,5

5 Hirschhornknöpfe von Union Knopf, Art. Nr. 26424

3 Edelweißknöpfe von Union Knopf

1 Brezel von Union Knopf

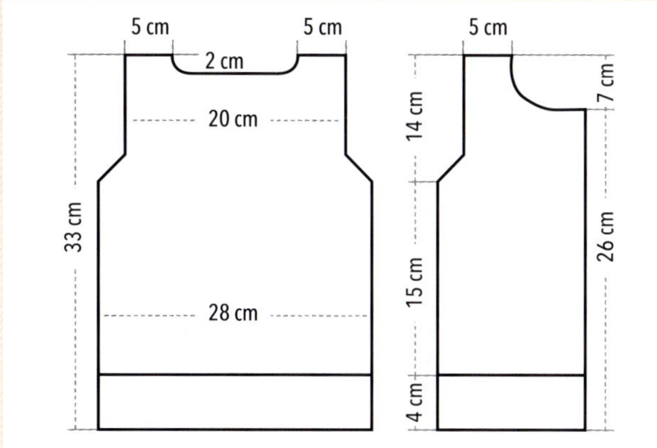

STRICKMUSTER

1 Rippe kraus re.: 1 Vorderreihe re. / 1 Rückreihe re.

glatt re.: 1 Vorderreihe re. / 1 Rückreihe li.

glatt li.: 1 Vorderreihe li. / 1 Rückreihe re.

Taschenbeutel: 14 M in Hellgrau anschlagen, 5 cm glatt re stricken, Maschen stilllegen.

Zopfmuster Nr. 1: bestehend aus 8 Maschen für das Rückenteil: 4 M auf eine Hilfsnadel nach hinten legen / 4 M glatt re. / dann die 4 M von der Hilfsnadel glatt re. abstricken. 1 Rückreihe li. / 1 Vorderreihe re. / 1 Rückreihe li. / 1 Vorderreihe re. / 1 Rückreihe li. Dann wieder zopfen und fortlaufend wiederholen.

Zopfmuster Nr. 2: bestehend aus 6 Maschen für das Vorderteil: 3 M auf eine Hilfsnadel nach hinten legen / 3 M glatt re. / dann die 3 M von der Hilfsnadel glatt re. abstricken. 1 Rückreihe li. / 1 Vorderreihe re. / 1 Rückreihe li. / 1 Vorderreihe re. / 1 Rückreihe li.
Dann wieder zopfen und fortlaufend wiederholen.

Knopfloch: 2 M abketten in der Vorderreihe, 2 Umschläge in der Rückreihe machen und in der nächsten Vorderreihe die Umschläge re. verschränkt abstricken.

RÜCKENTEIL

74 Maschen in Hellgrau mit Nadel Nr. 3,5 anschlagen.
4 Rippen kraus re. in Hellgrau,
1 Rippe kraus re. in Dunkelgrau,
1 Rippe kraus re. in Hellgrau,
4 Rippen kraus re. in Dunkelgrau.

EINTEILUNG FÜR RÜCKENTEIL MIT ZOPFMUSTER NR. 1 IN DUNKELGRAU

1 RM / 32 M glatt re. / 2 M glatt li. / 4 M Zopf stricken und hierbei aus den 4 M noch 4 zusätzliche Maschen zunehmen = 8 M / 2 M glatt li. / 32 M glatt re. / 1 RM.

Ab der Einteilung 13 cm in Dunkelgrau stricken, dann 4 Rippen kraus

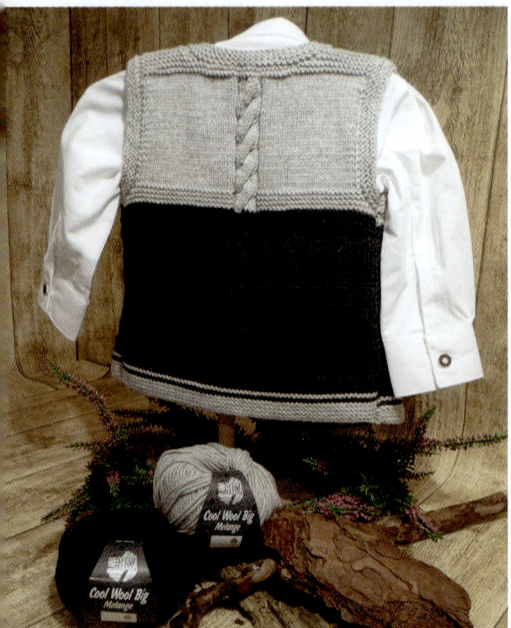

re. in Dunkelgrau, hierbei das Zopfmuster fortlaufend weiterarbeiten und dann mit dem Armloch beginnen (bei 19 cm ab Anschlag).
Hierfür in Hellgrau 4 Rippen kraus re. weiterarbeiten und 4 x 1 Masche beidseitig abnehmen.
Die folgenden 10 cm glatt re. in Hellgrau und mit Zopfmuster weiterarbeiten (siehe Abbildung).
In der letzten Rückreihe im Zopfmuster jeweils 4 x 2 M zusammenstricken = 4 Maschen.
Zwei Rippen kraus re. über alle Maschen stricken, dann mit dem Halsausschnitt beginnen.
Dann die mittleren 26 Maschen abketten und anschließend 1 x 2 M / 1 x 1 M beidseitig abnehmen.
Die restlichen 17 Maschen für die Schulter abketten.

VORDERTEIL, LINKS

37 Maschen in Hellgrau mit Nadel Nr. 3,5 anschlagen.

EINTEILUNG FÜR DAS VORDERTEIL IN HELLGRAU

1 RM / 27 M kraus re. / 2 M glatt li. / 4 M glatt re. / Zopfmuster Nr. 2 und hierbei aus den 4 M noch 2 zusätzliche Maschen zunehmen = 6 M / 2 M glatt li. / 1 RM.

In den folgenden Reihen das Zopfmuster Nr. 2 fortlaufend wiederholen.
4 Rippen kraus re. in Hellgrau,
1 Rippe kraus re. in Dunkelgrau,
1 Rippe kraus re. in Hellgrau,
4 Rippen kraus re. in Dunkelgrau.

NEUE EINTEILUNG NACH DEM BUND IN DUNKELGRAU

1 RM / 27 M glatt re. / 2 M glatt li. / 6 M glatt re. Zopfmuster Nr. 2 / 2 M glatt li. / 1 RM. Diese Einteilung 4 cm weiterstricken und dann das Rentier-Diagramm in der Vorderreihe in Hellgrau einstricken.

EINTEILUNG FÜR DAS RENTIER IN GLATT RE.

1 RM in Dunkelgrau / 6 M in Dunkelgrau / 1 M in Hellgrau / 1 M in Dunkelgrau/ 1 M in Hellgrau / 5 M in Dunkelgrau / 1 M in Hellgrau / 1 M in Dunkelgrau / 1 M in Hellgrau / 8 M in Dunkelgrau, ab hier das Zopfmuster weiterarbeiten.

Nach dem Rentier-Diagramm in Dunkelgrau bis 17 cm ab Anschlag weiterarbeiten.
Dann 4 Rippen kraus re. in Dunkelgrau, hierbei das Zopfmuster fortlaufend weiterarbeiten und dann mit dem Armloch beginnen (bei 19 cm ab Anschlag).
Hierfür in Hellgrau 4 Rippen kraus re. weiterarbeiten und 4 x 1 Masche am Armloch abnehmen.
Die folgenden 10 cm glatt re. in Hellgrau und mit Zopfmuster weiterarbeiten (siehe Abbildung).
Hierbei in der letzten Rückreihe im Zopfmuster jeweils 2 x 2 M zusammenstricken = 4 Maschen.
Bei 27 cm ab Anschlag mit dem Halsausschnitt beginnen. Hierfür 1 x 6 M / 1 x 4 M / 1 x 3 M / 1 x 2 M und 1 x 1 M abnehmen. Die Musterfolge wie beim Rückenteil weiterarbeiten.

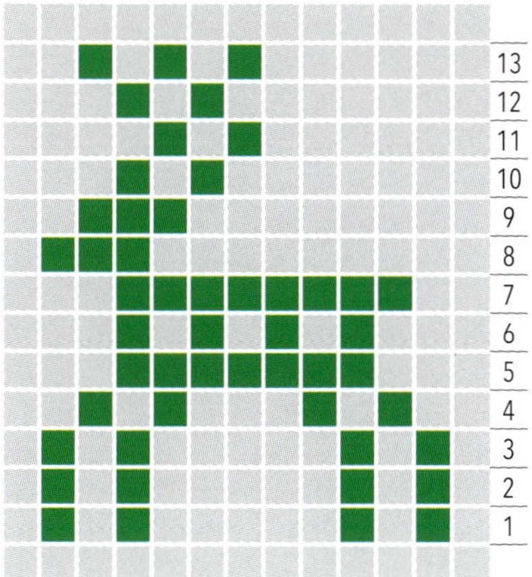

Die restlichen 17 Maschen für die Schulter abketten.

VORDERTEIL, RECHTS

Das zweite Vorderteil gegengleich arbeiten, jedoch an der Stelle des Rentiers die Tasche einstricken.

EINTEILUNG FÜR DIE TASCHE

1 RM / 2 M glatt li. / 6 M glatt re. Zopfmuster Nr. 2 / 2 M glatt li. / 5 M glatt re. / 14 M abketten / 5 M glatt re. / 1 RM.
In der Rückreihe den Taschenbeutel an der Stelle der abgeketteten Maschen einsetzen.
Nach der Tasche weiter gegengleich arbeiten wie das linke Vorderteil bis zu den 4 Rippen kraus re. in Hellgrau (Armausschnitt).
Nach den Krausrippen 4 Reihen glatt re. stricken, dann folgt das Rentier.

EINTEILUNG FÜR DAS RENTIER

1 RM / 2 M li. / 6 M Zopfmuster / 2 M li. / 3 M glatt re. / 1 M in Dunkelgrau / 1 M in Hellgrau / 1 M in Dunkelgrau / 5 M glatt re. / 1 M in Dunkelgrau / 1 M in Hellgrau / 1 M in Dunkelgrau / 5 M in Hellgrau / 1 RM.

Nach dem Rentier-Diagramm weiterstricken.

Rest des Vorderteils gegengleich fertigstellen.

AUSARBEITUNG

Alle Nähte schließen.

Für den Kragen

72 Maschen mit Nadel Nr. 3,5 in Hellgrau auffassen. Die aufgefassten Maschen in der ersten Reihe re. verschränkt abstricken und dann noch 4 Rippen kraus re. stricken. Dann alle Maschen abketten.

Für die Blende

65 Maschen in den jeweiligen passenden Farben auffassen. Die aufgefassten Maschen in der ersten Reihe re. verschränkt abstricken und dann noch 4 Rippen kraus re. stricken. Dann alle Maschen abketten.
5 Knopflöcher am Vorderteil der linken Seite einarbeiten.

Für die Armblende

68 Maschen in Hellgrau auffassen. Die aufgefassten Maschen in der ersten Reihe re. verschränkt abstricken und dann noch 3 Rippen kraus re. stricken. Dann alle Maschen abketten.

Tasche mit Häkelnadel Nr. 3 mit einer Reihe fester Maschen in Hellgrau umhäkeln. Die Knöpfe und die Dekoration nach Bild annähen.

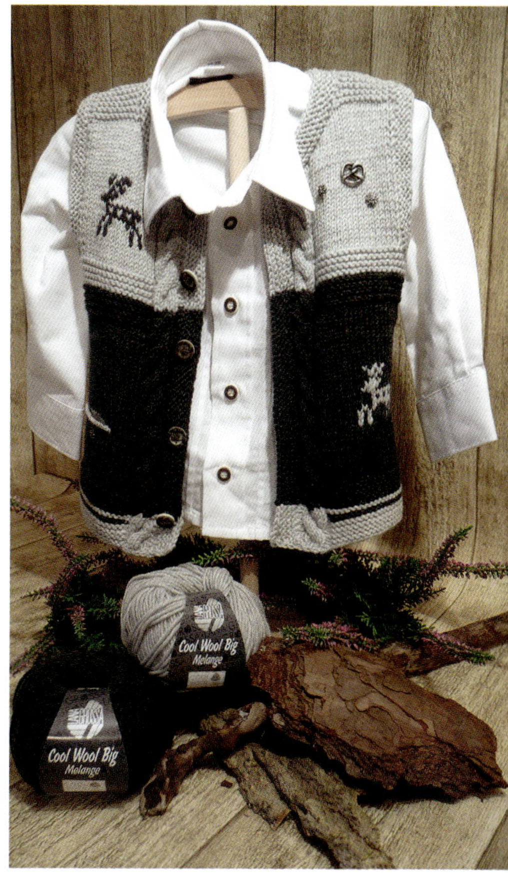

7 LANDHAUSSCHUHE IN NATUR

MATERIAL

Größe 18

Lana Grossa Cool Wool
Lauflänge: 160 m/50 g
100 % Schurwolle

50 g Natur, Fb. 432

Nadelspiel Nr. 2,5

STRICKMUSTER

kraus re.: 1 Vorderreihe re. / 1 Rückreihe re.

glatt li.: 1 Vorderreihe li. / 1 Rückreihe re.

glatt re.: 1 Vorderreihe re. / 1 Rückreihe li.

Zopfmuster: bestehend aus 4 re. M: Die 2. M rechts stricken (auf der li. Nadel lassen), dann die 1. M rechts stricken und beide Maschen auf die rechte Nadel nehmen.
Die 4. M re. verschränkt stricken (auf der li. Nadel lassen), dann die 3. M rechts abstricken und beide Maschen auf die rechte Nadel nehmen. Nach einer Runde zopfen immer eine Runde abstricken, wie die Maschen erscheinen, dann wieder zopfen usw.

Lochreihe: 2 M re zusammenstricken, 1 Umschlag und den Umschlag in der folgenden Reihe re. verschränkt abstricken.

Kordel: 2 lange Kordeln mit doppeltem Faden drehen.
Anfang und Ende gut verknoten.

STRICKANLEITUNG FÜR DIE SCHUHE

4 x 10 Maschen mit Nadelspiel Nr. 2,5 anschlagen.
1 Runde re. stricken.

EINTEILUNG FÜR ZOPFMUSTER PRO NADEL

2 M re. / 2 M li. / 2 M re. (hieraus noch 2 Maschen zunehmen = 4 Maschen Zopfmuster) / 2 M li. / 2 M re.

Folgende 4 cm im Zopfmuster stricken. Danach werden die beiden zugenommenen Maschen pro Zopf wieder abgenommen = 2 x 2 M re. zusammenstricken.

Lochreihe

4 Runden glatt re., dann eine Lochreihe, dann noch eine Reihe glatt re.
Dann von der ersten Nadel 2 M und von der dritten Nadel 2 M auf die zweite Nadel herübernehmen = 14 Maschen auf Nadel Nr. 2

Nur über die zweite Nadel mit 14 Maschen glatt re. über 17 Reihen stricken.

Dann werden beidseitig um den gestrickten Latz jeweils 12 Maschen aufgefasst und es wird in Runden über die 4 Nadeln des Spiels weitergestrickt (die neu aufgefassten Maschen in der ersten Runde re. verschränkt abstricken).

In Runden 8 Rippen weiterstricken = 1 Reihe rechts / 1 Reihe links usw.
Für die Abnahme auf der 2. Nadel und auf der 4. Nadel (die Spitze und Ferse) am Anfang und am Ende der Nadel jeweils 2 M re. zusammenstricken.

Über die folgenden 8 Rippen diesen Vorgang wiederholen.

Den Schuh einmal auf die linke Seite nach innen umstülpen, die beiden übriggebliebenen Nadeln mit den restlichen Maschen re. zusammenstricken und im selben Vorgang abketten.
Die Kordel durch die Lochmusterreihe fädeln und die Deko-Knöpfe aufnähen.
Den zweiten Schuh gleich ausarbeiten.

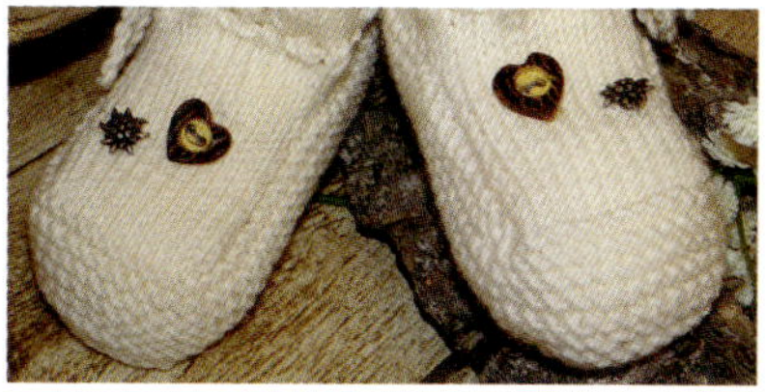

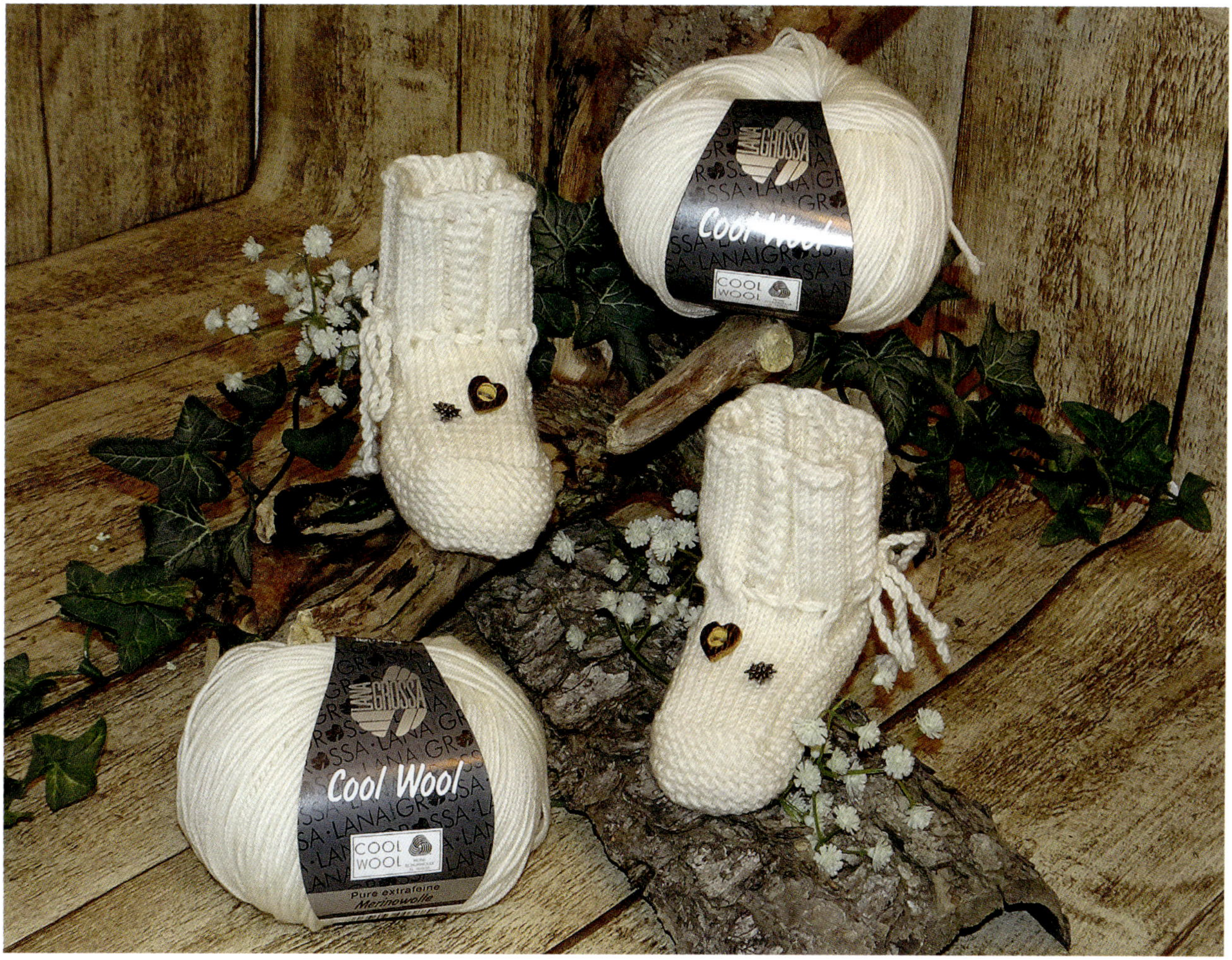

8 KUSCHELIGER BABY-FILZSCHUH FÜR KALTE TAGE

Größe 20

MATERIAL

Lana Grossa Feltro
Lauflänge: 50 m/50 g
100 % Schurwolle

Lana Grossa Meilenweit
Lauflänge: 210 m/50 g
80 % Schurwolle, 20 % Polyamid

Feltro: Mittelgrau, Fb. 4
Meilenweit: Hellgrau, Fb. 1346

Rundstricknadel Nr. 8/60 cm
Nadelspiel Nr. 8
Nadelspiel Nr. 3,5

2 Edelweiß Union Applikation, Art. Nr. 67291, Fb. 90

STRICKMUSTER

glatt re.:	1 Vorderreihe re. / 1 Rückreihe li. in Runden: mit dem Nadelspiel nur re. M stricken
Bundmuster:	2 M re. / 2 M li.

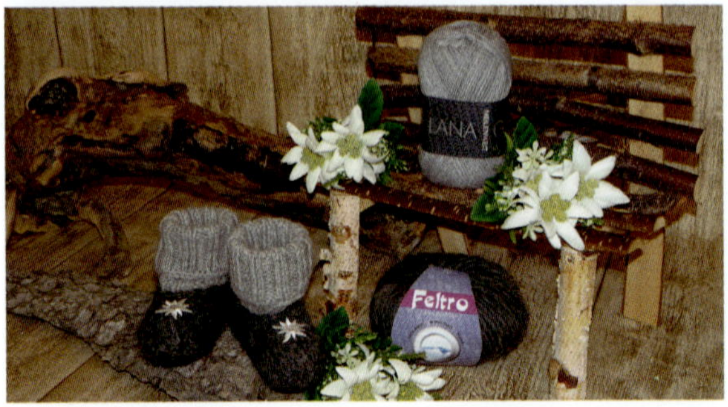

STRICKANLEITUNG FÜR DIE SCHUHE

20 Maschen mit Feltro mit Rundstricknadel Nr. 8 anschlagen und offen über 17 Reihen glatt rechts stricken.
Dann mit dem Nadelspiel Nr. 8 in Runden weiterstricken, am Anfang und Ende der ersten und vierten Nadel je 1 Masche zunehmen.
10 Runden stricken, nun auf der ersten und vierten Nadel die ersten beiden Maschen re. zusammenstricken.
In der folgenden Runde pro Nadel 2 Masche re. zusammenstricken, bis auf jeder Nadel 2 Maschen übrig sind.
Die restlichen Maschen mit einer Nähnadel zusammenziehen und gut vernähen.
Die hintere Naht am Schuh zusammennähen.

Nun für den Bund mit dem Nadelspiel 3,5 mit doppeltem Faden Meilenweit in Hellgrau aus dem oberen Rand 40 Maschen aufnehmen.
Die erste Reihe re. verschränkt abstricken. Folgende 10 cm im Bundmuster stricken und die Maschen locker abketten.
Den zweiten Schuh gleich ausarbeiten.

AUSARBEITUNG

Die Fäden vernähen.
In der Waschmaschine bei 30–40 °C waschen, im nassen Zustand mit Zeitungspapier füllen und in Form bringen.
Beide Schuhe trocknen lassen, das Papier nicht entfernen und das Edelweiß laut Bild aufbügeln. Dann erst das Papier entfernen.

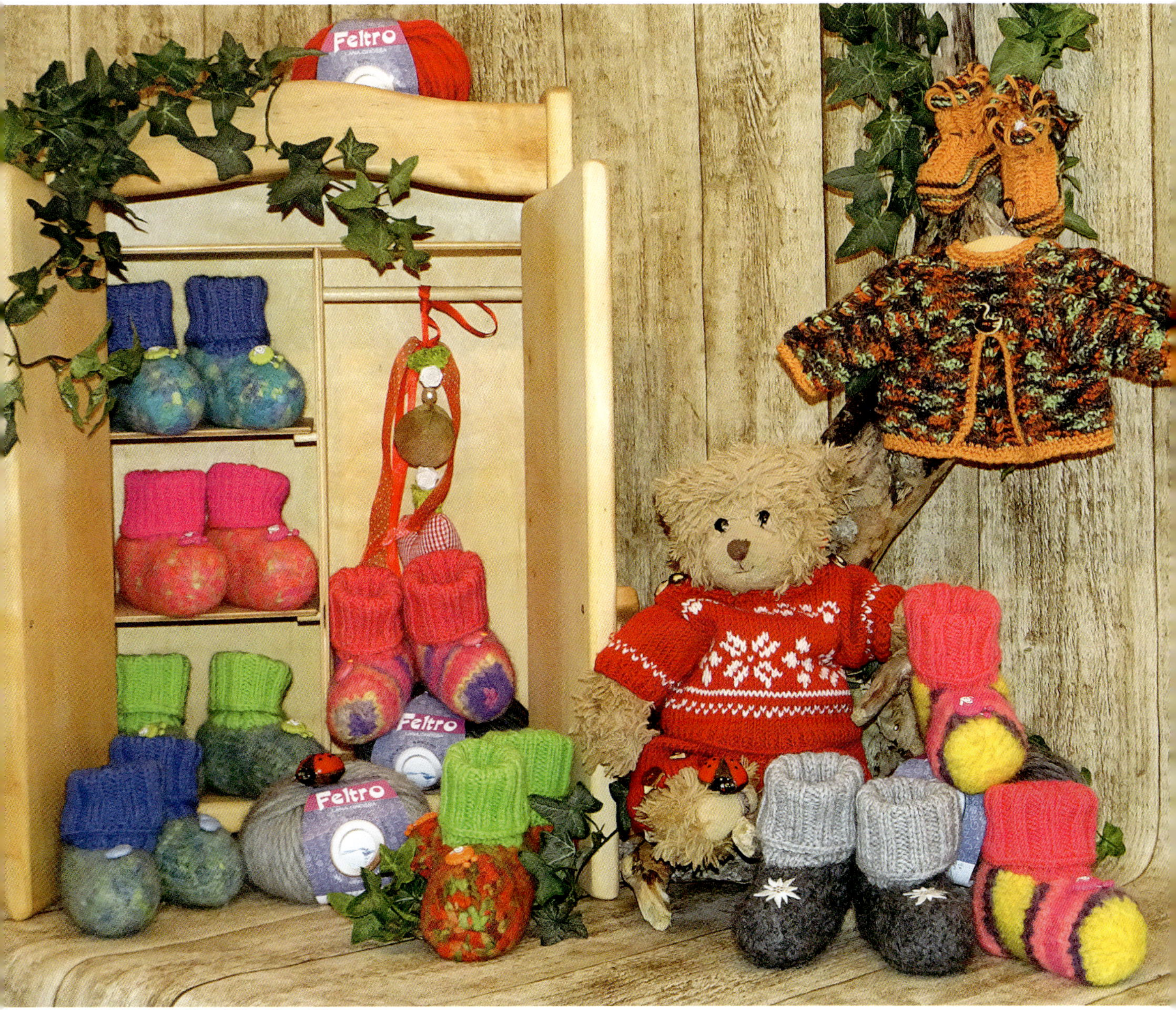
Feltro
Feltro
Feltro

9 FESCHE WESTE MIT ZOPF IN GRAU

MATERIAL

Größe 80/86

Lana Grossa Alpina
Lauflänge: 210 m/100 g
80 % Schurwolle, 20 % Polyamid

200 g Grau, Fb. 4
100 g Grün, Fb. 17

Stricknadel Nr. 4 Häkelnadel Nr. 3

5 Knöpfe von Union Knopf,
Trachtenknopf, Art. Nr. 26424

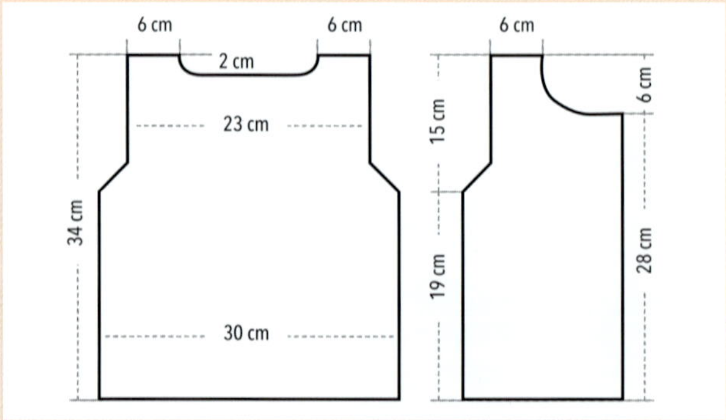

MASCHENPROBE

18 M = 25 Reihen = 10 cm

STRICKMUSTER

glatt re.:	1 Vorderreihe re. / 1 Rückreihe li.
glatt li.:	1 Vorderreihe li. / 1 Rückreihe re.
tiefer gestochene Masche:	In der Vorderreihe die Masche eine Reihe tiefer einstechen und re. stricken, auf der Rückreihe li. stricken.
Blenden, Kragen und Armränder häkeln:	1 Reihe feste Maschen in Grau, 1 Reihe feste Maschen in Grün 1 Reihe Krebsmasche in Grün
Krebsmasche, gehäkelt:	feste Maschen rückwärts häkeln
Knopfloch gehäkelt:	2 feste Maschen überspringen und dafür 2 Luftmaschen arbeiten
Zopf über 12 Maschen:	4 M auf eine Hilfsnadel hinter die Arbeit legen, 4 M glatt re. stricken, dann die 4 M von der Hilfsnadel abstricken. 1 Rückreihe, 1 Vorderreihe, 1 Rückreihe stricken, wie die Maschen erscheinen, dann das Zopfmuster in der folgenden Reihe arbeiten: 4 M glatt re, 4 M auf eine Hilfsnadel vor die Arbeit legen, 4 M glatt re. dann die 4 M der Hilfsnadel abstricken, 1 Rückreihe, 1 Vorderreihe, 1 Rückreihe stricken, wie die Maschen erscheinen, Wiederholen des Zopfmusters im Wechsel.

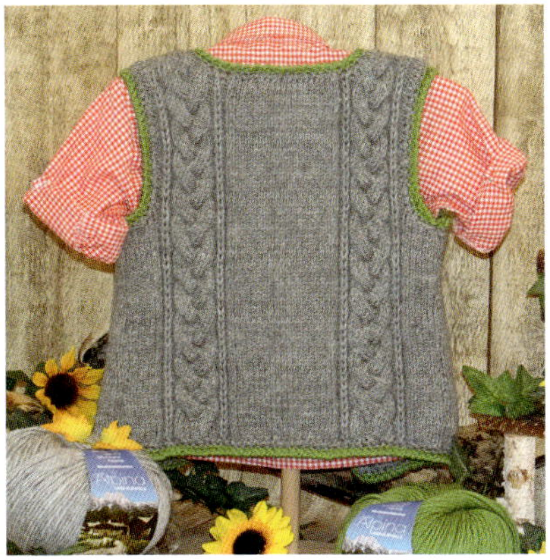

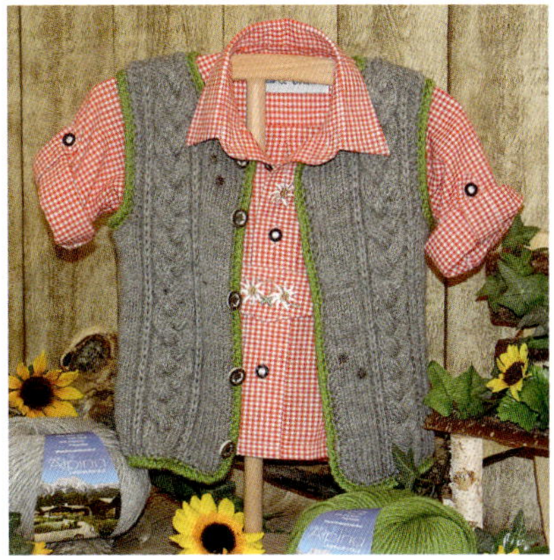

RÜCKENTEIL

80 Maschen mit Nadel Nr. 4 in Grau anschlagen.
Die Rückreihe li. abstricken.

EINTEILUNG VORDERREIHE

1 RM / 7 M glatt re. / 2 M glatt li. / 1 M tiefer stechen / 2 M glatt li. / 12 M Zopfmuster / 2 M glatt li. / 1 M tiefer stechen / 2 M glatt li. / 20 M glatt re. / 2 M glatt li. / 1 M tiefer stechen / 2 M glatt li. / 12 M Zopfmuster / 2 M glatt li. / 1 M tiefer stechen / 2 M glatt li. / 7 M glatt re. / 1 RM.

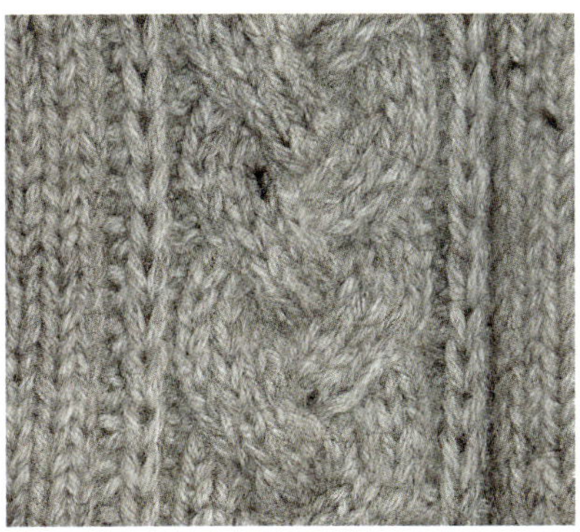

Nach 19 cm mit dem Armloch beginnen, hierfür 1 x 4 M / 1 x 2 M und 1 x 1 M beidseitig abketten.
Nach 32 cm mit dem Halsausschnitt beginnen, hierfür die mittleren 28 Maschen abketten, dann für den Hals 1 x 3 M / 1 x 2 M und 1 x 1 M abketten.
Nach 34 cm die restlichen 13 Maschen für die Schulter abketten.

VORDERTEIL, RECHTS

38 Maschen in Grau anschlagen.
Die Rückreihe li. abstricken

EINTEILUNG VORDERREIHE

1 RM / 7 M glatt re. / 2 M glatt li. / 1 M tiefer einstechen / 2 M glatt li. / 12 M Zopfmuster / 2 M glatt li. / 1 M tiefer einstechen / 2 M glatt li. / 7 M glatt re. / 1 RM.

Nach 19 cm mit dem Armloch beginnen, hierfür 1 x 4 M / 1 x 2 M und 1 x 1 M abketten.

Nach 28 cm mit dem Halsausschnitt beginnen, hierfür 1 x 6 M / 1 x 4 M / 1 x 3 M / 1 x 2 M / 3 x 1 M abketten.
Nach 34 cm ab Anschlag die restlichen 13 Maschen der Schulter abketten.

VORDERTEIL, LINKS

Das zweite Vorderteil gegengleich arbeiten.

AUSARBEITUNG

Alle Nähte schließen.
Die Weste mit 1 Reihe fester Maschen in Grau, 1 Reihe fester Maschen in Grün und 1 Reihe Krebsmaschen in Grün umhäkeln.
Über die Länge von 28 cm 5 Knopflöcher einarbeiten und die Knöpfe annähen.

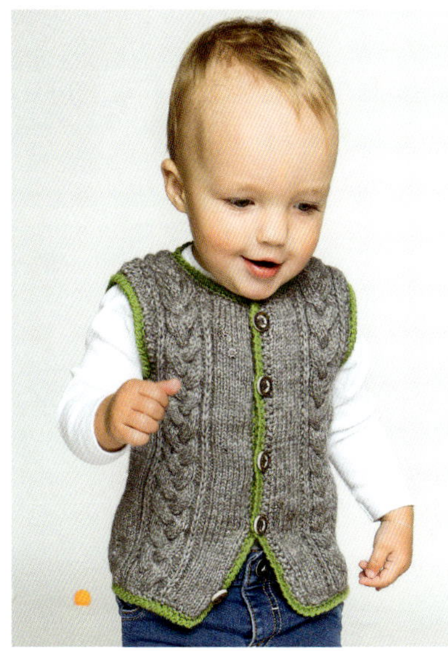

10 BONBONFARBENER MÄDCHENTRAUM MIT HERZ

MATERIAL

Größe **86/92**

Lana Grossa Cool Wool
Lauflänge: 160 m/50 g
100 % Schurwolle

200 g Orange, Fb. 418
50 g Grün, Fb. 509
50 g Pink, Fb. 537

Stricknadel Nr. 3,5
Häkelnadel Nr. 3

5 Trachtenknöpfe von Union Knopf, Art. Nr. 98091
3 Schmetterlinge von Union Knopf, Art. Nr. 21876

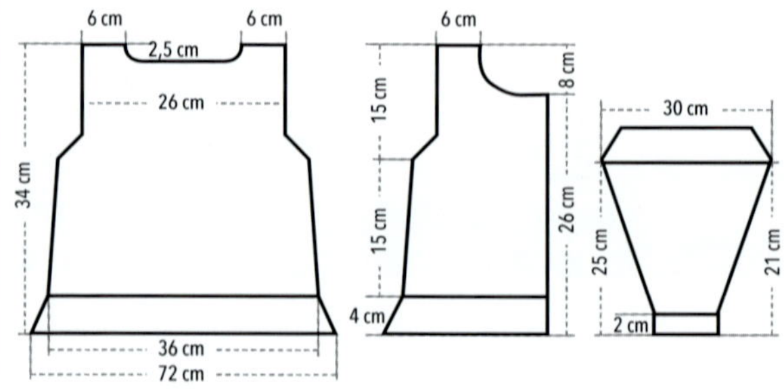

STRICKMUSTER

glatt re.:	1 Vorderreihe re. / 1 Rückreihe li.
1 Rippe kraus re.:	1 Vorderreihe re. / 1 Rückreihe re.
Schachbrettmuster:	Vorderreihe: 2 M re. / 2 M li. usw. Rückreihe: abstricken, wie die Maschen erscheinen. Vorderreihe: 2 M li. / 2 M re. usw. Rückreihe: abstricken, wie die Maschen erscheinen (das bedeutet, immer in der Vorderreihe die Maschen zu versetzen).
feste Maschen:	häkeln
Krebsmasche:	feste Maschen rückwärts häkeln
Taschenbeutel:	in Pink: 18 Maschen glatt re. 5 cm hoch stricken. Maschen stilllegen.
Knopflöcher:	2 feste Maschen beim Häkeln überspringen und dafür 2 Luftmaschen arbeiten.

RÜCKENTEIL

180 Maschen in Grün mit Nadel Nr. 3,5 anschlagen.
1 Rippe kraus re. in Grün.
1 Rippe kraus re. in Pink.

Dann mit Orange weiterarbeiten und 4 cm glatt re. stricken. In der letzten Reihe Orange immer 2 Maschen re. zusammenstricken = 90 Maschen.

1 Rippe kraus re. in Grün.
1 Rippe kraus re. in Pink.

Dann mit Orange weiterarbeiten und über 14 cm glatt re. stricken. Hierbei beidseitig in jeder 6. Reihe 4 x 1 Masche verteilt abnehmen.

1 Rippe kraus re. in Pink.
1 Rippe kraus re. in Grün.
1 Rippe kraus re. in Pink.

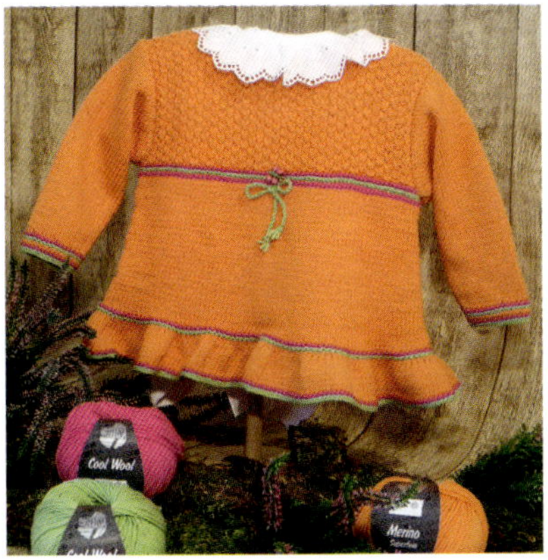

Dann im Schachbrettmuster in Orange weiterarbeiten und für das Armloch beidseitig 3 x 2 M abketten. Nach 13 cm im Schachbrettmuster mit dem Halsausschnitt beginnen, hierfür die mittleren 28 Maschen abketten, dann für den Hals beidseitig 1 x 3 M und 1 x 2 M abketten.
Bei einer Gesamthöhe von 34 cm ab Anschlag die restlichen 16 Maschen für die Schulter abketten.

VORDERTEIL, RECHTE SEITE

90 Maschen in Grün mit Nadel Nr. 3,5 anschlagen.
1 Rippe kraus re. in Grün.
1 Rippe kraus re. in Pink.

Dann mit Orange weiterarbeiten und 4 cm glatt re. stricken.
In der letzten Reihe Orange immer 2 Maschen re. zusammenstricken = 45 Maschen.

1 Rippe kraus re. in Grün
1 Rippe kraus re. in Pink.

Dann mit Orange weiterarbeiten und über 4 cm glatt re. stricken Anschließend das Herz laut Diagramm einarbeiten.

EINTEILUNG IN ORANGE

1 RM / 19 M glatt re. in Orange / 1 M glatt re. in Grün / 21 M glatt re. in Orange / 1 RM in Orange.

Das Herz nach Diagramm weiterarbeiten und danach noch 3,5 cm glatt re. in Orange weiterstricken (siehe Abbildung). Hierbei beidseitig in jeder 6. Reihe 4 x 1 Masche verteilt abnehmen.

1 Rippe kraus re. in Pink.
1 Rippe kraus re. in Grün.
1 Rippe kraus re. in Pink.

Dann im Schachbrettmuster in Orange weiterarbeiten und für das Armloch 3 x 2 M abketten.
Nach einer Gesamthöhe von 26 cm ab Anschlag mit dem Halsausschnitt beginnen. Hierfür 1 x 6 M / 1 x 4 M / 1 x 3 M / 2 x 2 M und 2 x 1 M abketten.
Bei einer Gesamthöhe von 34 cm die restlichen 16 Maschen abketten.

VORDERTEIL, LINKE SEITE

Gegengleich arbeiten, jedoch hier nach 10 cm ab Anschlag die Tasche einarbeiten (siehe Abbildung).

EINTEILUNG FÜR DIE TASCHE

1 RM in Orange / 15 M glatt re. in Orange / 18 M abketten (Tasche) / 10 M glatt re. / 1 RM.

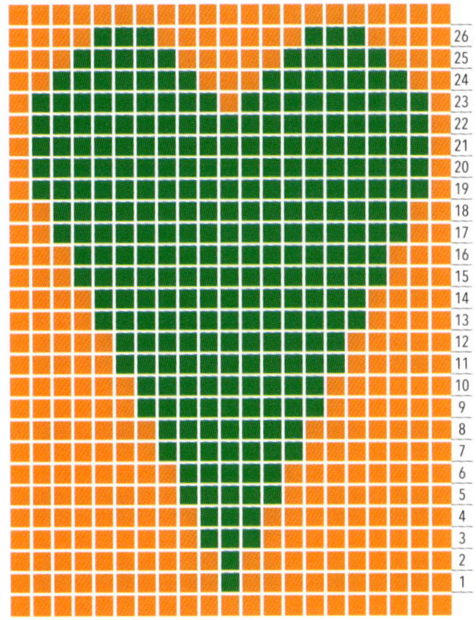

Herzdiagramm

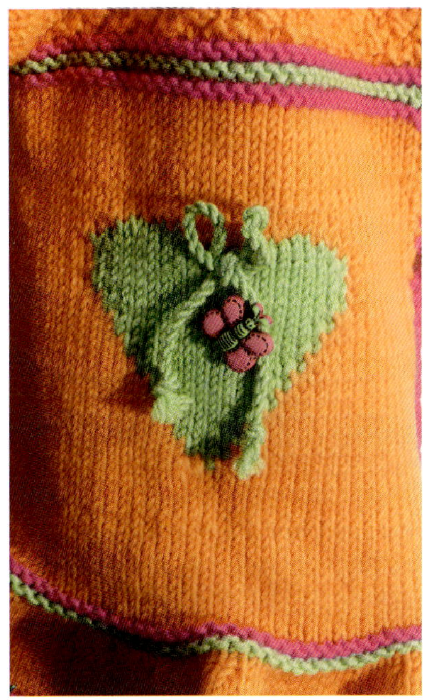

In der Rückreihe an der Stelle der 18 abgeketteten Maschen den Taschenbeutel in Pink einfügen.
Wie das rechte Vorderteil weiterarbeiten, nur gegengleich.

ÄRMEL

36 Maschen in Grün mit Nadel Nr. 3,5 anschlagen.
1 Rippe kraus re. in Grün.
1 Rippe kraus re. in Pink.
1 Rippe kraus re. in Orange.
1 Rippe kraus re. in Grün.
1 Rippe kraus re. in Pink.

Dann mit Orange glatt re. weiterarbeiten und in der 1. Reihe 6 Maschen verteilt zunehmen.
Auf einer Länge von 21 cm 13 x 1 M beidseitig zunehmen.
Bei einer Gesamtlänge von 23 cm für die Armschräge 3 x 2 M beidseitig abketten.
Die restlichen 56 Maschen abketten.
Den zweiten Ärmel gleich stricken.

AUSARBEITUNG

Alle Nähte schließen.

Die Blende vom rechten Vorderteil über den Halsausschnitt und das linke Vorderteil an einem Stück mit 1 Reihe fester Maschen in Orange und 1 Reihe fester Maschen in Pink umhäkeln. Dabei 5 Knopflöcher auf der rechten Seite einarbeiten.
Zuletzt noch eine Reihe Krebsmaschen häkeln.
Für die Schleife am Vorderteil die Kordel zweifädig in Grün drehen, am Herz annähen und die Knöpfe laut Bild annähen.
Für die Schleife am Rückenteil die Kordel zweifädig in Grün drehen, laut Abbildung mittig annähen und den Schmetterling annähen.

Den Taschenbeutel mit 1 Reihe fester Maschen in Pink umhäkeln.
Die Ärmel einnähen.

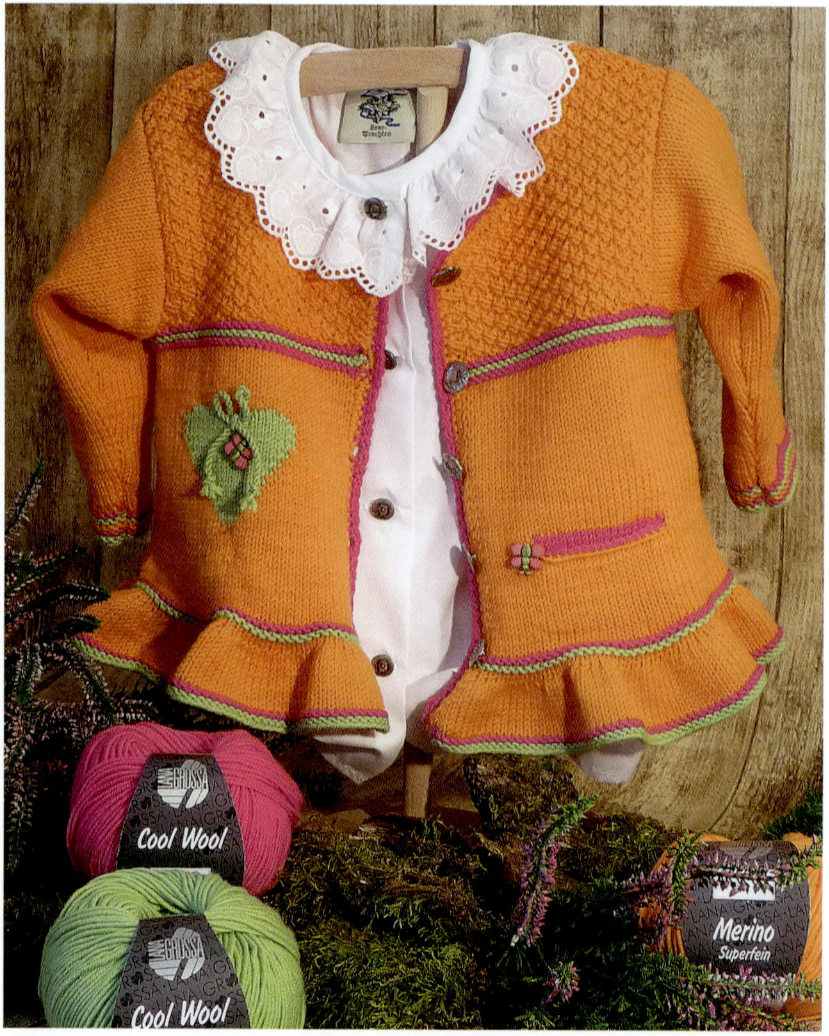

11 FÜR KLEINE PRINZESSINNEN IN PINK MIT GRÜNER KORDEL

MATERIAL

Größe **86/92**

Lana Grossa Elastico
Lauflänge: 160 m/50 g
96 % Baumwolle, 4 % Polyester

150 g Pink, Fb. 100
50 g Grün, Fb. 113

Stricknadel Nr. 3,5

1 Knopf

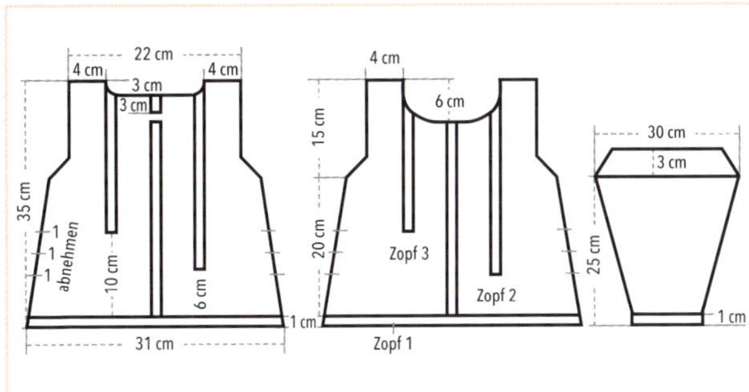

STRICKMUSTER

Bundmuster:

1 Rippe kraus re.: 1 Vorderreihe re. / 1 Rückreihe re.

glatt re.: 1 Vorderreihe re. / 1 Rückreihe li.

Knopfloch: 1 Umschlag, 2 M re. zusammenstricken, Umschlag auf der Rückreihe li. abstricken.

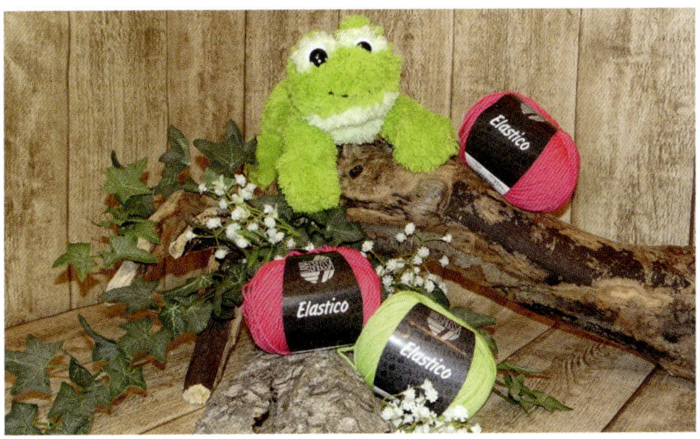

Lochmuster: 2 M li. / 3 M re. / 2 M li. Rückreihe abstricken, wie die Maschen erscheinen.
1. Vorderreihe: 2 M li. / 1 M re. / 2 M re. zusammenstricken / 1 Umschlag / 2 M li.
2. Rückreihe: 2 M re. / 3 M glatt li. (Umschlag wird hier li. abgestrickt) /
3. Vorderreihe: 2 M li. / 1 Umschlag / 1 M wie zum Rechtsstricken abheben / 1 M re. / die abgehobene Masche überziehen.
4. Rückreihe: 2 M re. / 3 M li. / 2 M re. /

Diese 4 Reihen fortlaufend wiederholen.

glatt li.: 1 Vorderreihe li. / 1 Rückreihe re.

Kordel: 6 lange Kordeln mit doppeltem Faden drehen und durch das Lochmuster durchfädeln (siehe Bild).

RÜCKENTEIL

83 Maschen mit Nadel Nr. 3,5 in Grün anschlagen.
2 Rippen kraus re. stricken.

BEACHTEN

Für die seitliche Schräge alle 5 cm ab Anschlag 3 x 1 Masche beidseitig abnehmen (3 x 1 M alle 5 cm = 15 cm).

EINTEILUNG IN PINK FÜR DIE ERSTE LOCHMUSTERREIHE DURCHGEHEND NACH DEM BUND

1 RM / 37 M glatt re. / Lochmuster: 2 M glatt li., 3 M glatt re., 2 M glatt li. / 37 M glatt re. / 1 RM.

Nach der Einteilung die Rückreihe abstricken, wie die Maschen erscheinen, und dann in der nächsten Vorderreihe mit dem Lochmuster (siehe Strickmuster von Reihe 1–4 ständig wiederholen) weiterarbeiten.

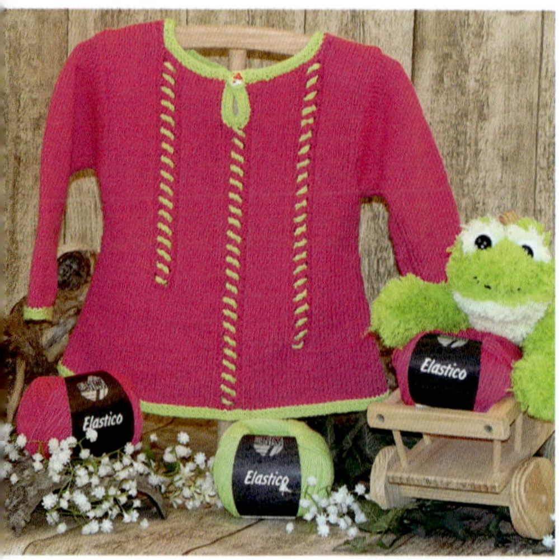

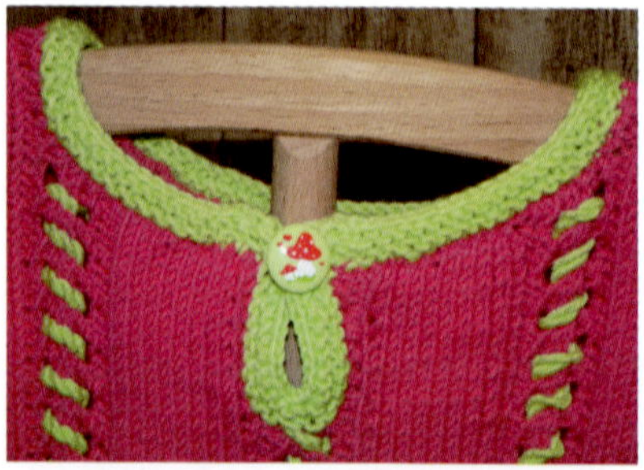

NACH 6 CM EINTEILUNG FÜR DIE ZWEITE LOCHMUSTERREIHE AUF DER RECHTEN SEITE

1 RM / 19 M glatt re. / 7 M Lochmuster / 9 M glatt re. / 7 M Lochmuster / 36 M glatt re. / 1 RM.

NACH 10 CM EINTEILUNG FÜR DIE DRITTE LOCHMUSTERREIHE AUF DER LINKEN SEITE

1 RM / 19 M glatt re. / 7 M Lochmuster / 9 M glatt re. / 7 M Lochmuster / 9 M glatt re. / 7 M Lochmuster / 19 M glatt re. / 1 RM.

Nach 20 cm ab Anschlag mit dem Armloch beginnen, hierfür 3 x 2 M beidseitig abketten.

Für den Schlitz am Halsausschnitt hinten die Arbeit teilen, das bedeutet: Nach 28 cm ab Anschlag 1 RM und 31 M im Muster stricken, dann 2 M re. zusammenstricken, wieder 31 M im Muster stricken und 1 RM. In den folgenden 2 Reihen jeweils 2 x 1 Masche am Schlitz abketten. 3 cm stricken, dann für den Hals 1 x 5 M / 1 x 4 M / 1 x 3 M / 1 x 2 M / 1 x 1 M abketten.

Nach 35 cm ab Anschlag die restlichen 15 Maschen für die Schulter abketten.
Die andere Seite des Rückenteils gegengleich stricken.

VORDERTEIL

Gegengleich wie das Rückenteil stricken, jedoch bei 29 cm ab Anschlag für den Halsausschnitt die mittleren 19 Maschen abketten, dann 1 x 3 M / 1 x 2 M und 3 x 1 M abketten.
Bei 35 cm Gesamthöhe die restlichen 15 Maschen für die Schulter abketten. Die zweite Seite des Vorderteils gegengleich stricken.

ÄRMEL

30 Maschen in Grün mit Nadel Nr. 3,5 anschlagen.
2 Rippen kraus re. stricken.

In Pink glatt rechts weiterstricken und in der ersten Reihe nach dem Bund 6 M verteilt zunehmen.
Dann beidseitig auf der Länge von 22 cm 15 x 1 M zunehmen.
Nach 22 cm für die Armschräge 3 x 2 Maschen beidseitig abketten und die restlichen 54 Maschen abketten.
Den zweiten Ärmel gleich stricken

AUSARBEITUNG

Alle Nähte schließen und die Ärmel einnähen

Für die Blende am Halsausschnitt

In Pink 80 Maschen auffassen, die 1. Reihe rechts verschränkt ab-

stricken, dann in Grün 2 Rippen kraus re. stricken und alle Maschen abketten.
Bitte beachten, dass der Schlitz offen bleibt.

Für den Schlitz

12 Maschen in Pink auffassen, die 1. Reihe rechts verschränkt abstricken, dann in Grün 2 Rippen kraus re. stricken und alle Maschen abketten.
Die zweite Seite des Schlitzes gegengleich arbeiten.

In den Lochmusterreihen

Die angefertigten Kordeln in Grün durch die Lochmusterreihen durchfädeln, an Anfang und Ende die Kordel unsichtbar annähen (siehe Abbildung).
Auf der Vorderseite ebenfalls Kordeln durchfädeln, an den äußeren beiden Lochmusterreihen kleine Schleifen binden und unsichtbar annähen (siehe Abbildung).

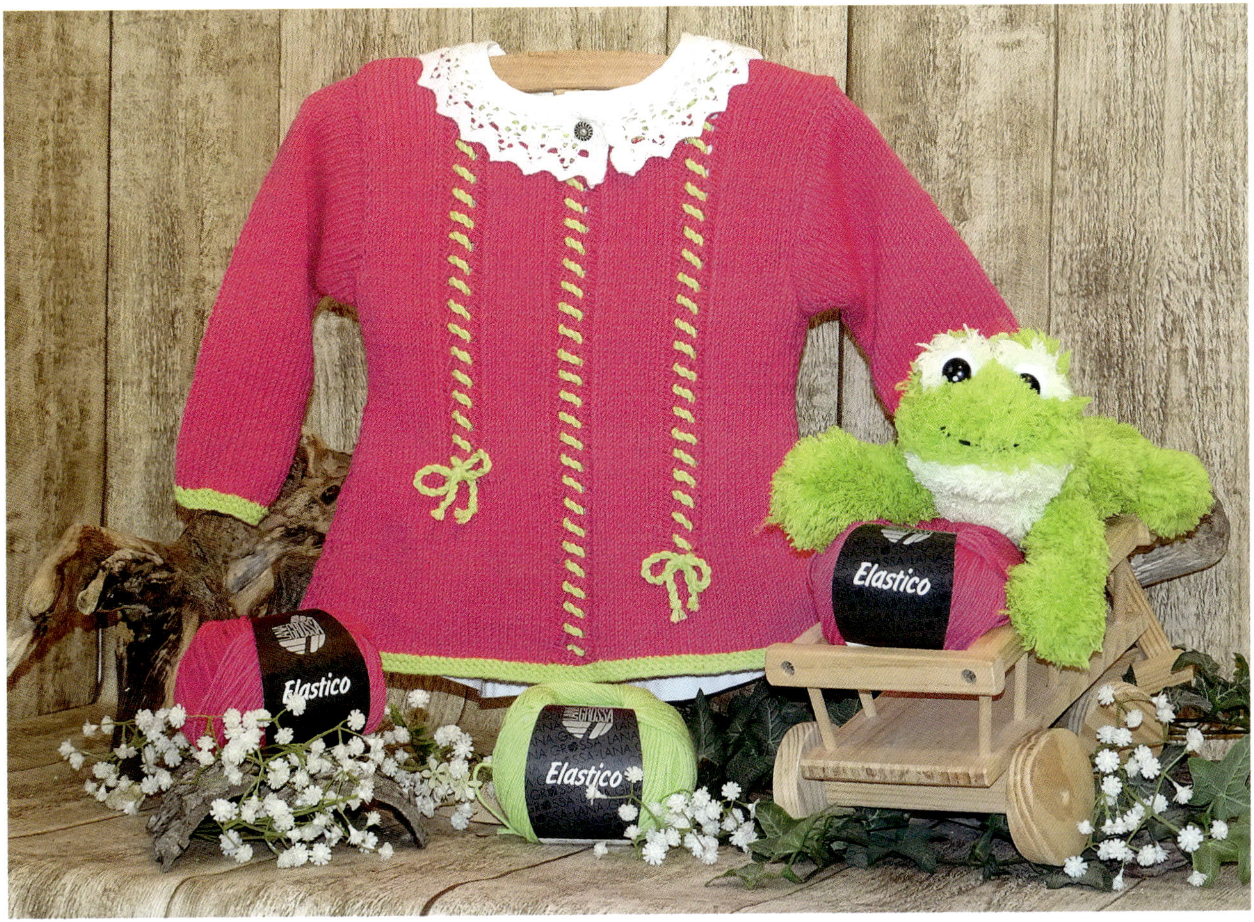

12 HERZCHENTRAUM FÜR MÄDCHEN

MATERIAL

Größe 86/92

Lana Grossa Cool Wool big
Lauflänge: 120 m/50 g
100 % Schurwolle

50 g Rosa, Fb. 915
200 g Pink, Fb. 690

Stricknadel Nr. 3,5

4 Knöpfe von Union Knopf mit Edelweiß
2 kleine Edelweiße von Union Knopf
2 Meter gekräuseltes Band in Rosa-Weiß

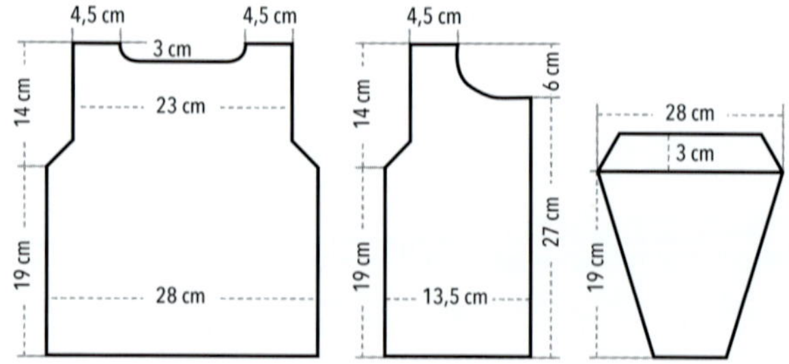

STRICKMUSTER

1 Rippe kraus re.:	1 Vorderreihe re. / 1 Rückreihe re.
glatt re.:	1 Vorderreihe re. / 1 Rückreihe li.
großes Perlmuster:	Vorderreihe: 1 M re. / 1 M li. usw. Rückreihe: Rückreihe, wie die Maschen erscheinen, abstricken. Vorderreihe: versetzen = 1 M li. / 1 M re. usw. Diesen Vorgang stetig wiederholen.
Knopfloch:	2 M abketten in der Vorderreihe, in der Rückreihe über die abgeketteten Maschen 2 Umschläge arbeiten, diese auf der Vorderreihe re. verschränkt abstricken.

RÜCKENTEIL

74 Maschen in Pink mit Nadel Nr. 3,5 anschlagen.
3 Rippen kraus re. stricken.

Dann in der folgenden Reihe 6 Maschen verteilt zunehmen und weitere 2 Reihen glatt re. stricken.
Anschließend das Herzdiagramm einstricken. Dafür laut Diagramm einteilen und weiterarbeiten.
Nach dem Herzdiagramm 2 Reihen glatt re. in Pink.
1 Rippe kraus re. in Rosa.
Dann in Pink im großen Perlmuster weiterarbeiten.

Nach 19 cm mit dem Armloch beginnen, hierfür 3 x 2 M beidseitig abketten.
Über 3 cm das große Perlmuster stricken.
Dann 1 Rippe kraus re. in Rosa.
1 Rippe kraus re. in Pink.
1 Rippe kraus re. in Rosa.

Dann im großen Perlmuster in Pink weiterarbeiten und 30 cm ab Anschlag mit dem Halsausschnitt beginnen. Hierfür die mittleren 26 Maschen abketten, dann für den

Hals noch 1 x 3 M / 1 x 2 M und 1 x 1 M beidseitig abketten.
Die restlichen 15 Maschen für die Schulter abketten.

VORDERTEIL

34 Maschen in Pink mit Nadel Nr. 3,5 anschlagen.
3 Rippen kraus re. stricken.
Dann in der folgenden Reihe 3 Maschen verteilt zunehmen und weitere 2 Reihen glatt re. stricken.
Dann das Herzdiagramm einstricken, dafür laut Diagramm einteilen und weiterarbeiten.
Nach dem Herzdiagramm 2 Reihen glatt re. in Pink.

1 Rippe kraus re. in Rosa, dann in Pink im großen Perlmuster weiterarbeiten.

Nach 19 cm mit dem Armloch beginnen, hierfür 3 x 2 M abketten.
Über 3 cm das große Perlmuster stricken.
1 Rippe kraus re. in Rosa.
1 Rippe kraus re. in Pink.
1 Rippe kraus re. in Rosa.

Dann im großen Perlmuster in Pink weiterarbeiten und 27 cm ab Anschlag mit dem Halsausschnitt beginnen. Hierfür 1 x 5 M / 1 x 4 M / 2 x 2 M / 4 x 1 Masche abketten.
Bei 33 cm Gesamthöhe ab Anschlag die restlichen 15 Maschen für die Schulter abketten.

Das zweite Vorderteil gegengleich arbeiten.

ÄRMEL

36 Maschen in Pink mit Nadel Nr. 3,5 anschlagen.
3 Rippen kraus re. in Pink, in der folgenden Reihe 3 Maschen verteilt zunehmen.
2 Reihen glatt re.
Dann das Herzdiagramm in Rosa einstricken.
2 Reihen glatt re. in Pink.
1 Rippe kraus re in Rosa.

Nun alles im großen Perlmuster stricken und dabei beidseitig 13 x 1 Masche verteilt bis 19 cm nach Anschlag zunehmen.
Dann für die Armschräge 3 x 2 M beidseitig abketten. Die restlichen 53 Maschen abketten.

Den zweiten Ärmel gleich arbeiten.

AUSARBEITUNG

Alle Nähte schließen und die Ärmel einnähen.
Für den Kragen in Pink 70 Maschen auffassen, die erste Reihe re. verschränkt abstricken, 3 Rippen kraus re. stricken und alle Maschen abketten.
Für die Blenden in Pink jeweils 50 M pro Seite auffassen, die erste Reihe re. verschränkt abstricken, 3 Rippen kraus re. stricken und alle Maschen abketten.

BEACHTEN

Auf der rechten Seite der Blende 5 Knopflöcher verteilt einarbeiten.

Die Knöpfe und die Deko annähen.
Zuletzt das gekräuselte Band an Blenden, Kragen und Ärmelbund auf der Innenseite annähen (siehe Abb.).

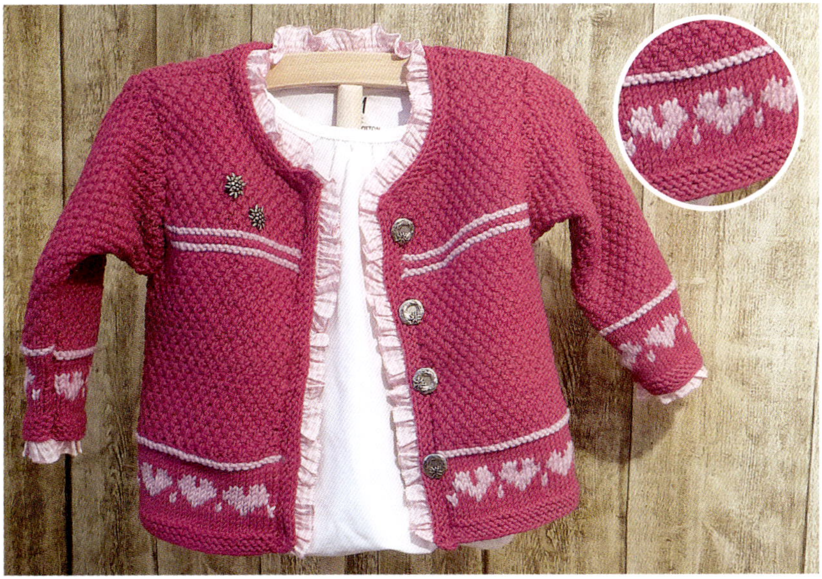

13 GESTREIFTER LAUSEBENGEL-PULLOVER IN BLAU-GRÜN-WEISS

Größe 86/92

MATERIAL

Lana Grossa Cool Wool
Lauflänge: 160 m/50 g
100 % Schurwolle

100 g Dunkelblau, Fb. 114
50 g Grün, Fb. 509
50 g Weiß, Fb. 431

Stricknadel Nr. 3,5

Knöpfe von Union Knopf, Art. Nr. 19643

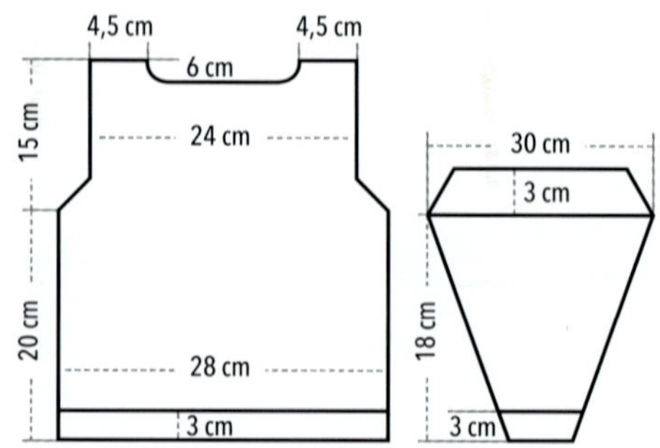

STRICKMUSTER

glatt rechts:	1 Vorderreihe re. / 1 Rückreihe li.
Bundmuster:	1 M re. / 1 M li. usw.
Streifenfolge kleines Perlmuster in 3 Fb.:	Vorderreihe: 1 M re. / 1 M li. usw. in Grün. Rückreihe: 1 M li. / 1 M re. usw. in Weiß. Vorderreihe: 1 M re. / 1 M li. usw. in Blau.
Knopfloch:	In der Vorderreihe 2 M abketten, in der Rückreihe 2 Umschläge an der Stelle der abgeketteten Maschen machen und in der Vorderreihe die Umschläge als 2 M re. verschränkt abstricken.

STRICKANLEITUNG

72 Maschen mit Nadel Nr. 3,5 in Blau anschlagen. Im Bundmuster über 9 Reihen in Dunkelblau stricken.

Streifenfolge für Vorderteil und Rückenteil

Gleichzeitig beginnt das kleine Perlmuster in 3 Farben.

1 Vorderreihe in Grün kleines Perlmuster.
1 Rückreihe in Weiß kleines Perlmuster.
1 Vorderreihe in Blau kleines Perlmuster.
1 Rückreihe in Grün kleines Perlmuster.
1 Vorderreihe in Weiß kleines Perlmuster.
1 Rückreihe in Blau kleines Perlmuster.
1 Vorderreihe in Grün kleines Perlmuster.
1 Rückreihe in Weiß kleines Perlmuster.
1 Vorderreihe in Blau kleines Perlmuster.

Streifenfolge glatt rechts in 3 Farben

1 Rückreihe in Grün linke Maschen.
1 Vorderreihe in Weiß rechte Maschen.
1 Rückreihe in Blau linke Maschen.
1 Vorderreihe in Grün rechte Maschen.
1 Rückreihe in Weiß linke Maschen.

1 Vorderreihe in Blau rechte Maschen.
1 Rückreihe in Grün linke Maschen.
1 Vorderreihe in Weiß rechte Maschen.
1 Rückreihe in Blau linke Maschen.

Dann folgt ein großer Streifenblock, glatt rechts gestrickt

7 Reihen in Grün (Vorderreihe re. / Rückreihe li.).
7 Reihen in Weiß (Rückreihe li. / Vorderreihe re.).
7 Reihen in Blau (Vorderreihe re. / Rückreihe li.).

Anschließend das kleine Perlmuster in 3 Farben

1 Vorderreihe in Grün kleines Perlmuster.
1 Rückreihe in Weiß kleines Perlmuster.
1 Vorderreihe in Blau kleines Perlmuster.
1 Rückreihe in Grün kleines Perlmuster.
1 Vorderreihe in Weiß kleines Perlmuster.
1 Rückreihe in Blau kleines Perlmuster.
1 Vorderreihe in Grün kleines Perlmuster.
1 Rückreihe in Weiß kleines Perlmuster.
1 Vorderreihe in Blau kleines Perlmuster.
1 Rückreihe in Grün kleines Perlmuster.

Streifenfolge glatt rechts in 3 Farben

1 Vorderreihe in Weiß rechte Maschen.
1 Rückreihe in Blau linke Maschen.
Ab hier mit dem Armloch beginnen; hierfür in den folgenden Reihen 3 x 2 M beidseitig abnehmen.

1 Vorderreihe in Grün rechte Maschen.
1 Rückreihe in Weiß linke Maschen.

Dann folgt der große Streifenblock in glatt rechts

6 Reihen in Blau (Vorderreihe re. / Rückreihe li.).
6 Reihen in Grün (Vorderreihe re. / Rückreihe li.).
6 Reihen in Weiß (Vorderreihe re. / Rückreihe li.).
6 Reihen in Blau (Vorderreihe re. / Rückreihe li.).

Nun beginnt das kleine Perlmuster in 3 Farben

1 Vorderreihe in Grün kleines Perlmuster.
1 Rückreihe in Weiß kleines Perlmuster.
1 Vorderreihe in Blau kleines Perlmuster.
1 Rückreihe in Grün kleines Perlmuster.
1 Vorderreihe in Weiß kleines Perlmuster.
1 Rückreihe in Blau kleines Perlmuster.
1 Vorderreihe in Grün kleines Perlmuster.
1 Rückreihe in Weiß kleines Perlmuster.
1 Vorderreihe in Blau kleines Perlmuster.
1 Rückreihe in Grün kleines Perlmuster.

Nach der letzten grünen Perlmusterreihe (bei 32 cm ab Anschlag) mit dem Halsausschnitt im Rückenteil beginnen. Hierfür die mittleren 28 Maschen abketten, dann für den Hals 1 x 2 M und 1 x 1 M beidseitig abketten.

BEACHTEN

Der Halsausschnitt wird in Streifenfolge weitergearbeitet wie folgt.

Streifenfolge glatt rechts in 3 Farben

1 Vorderreihe in Weiß rechte Maschen.
1 Rückreihe in Blau linke Maschen.
1 Vorderreihe in Grün rechte Maschen.
1 Rückreihe in Weiß linke Maschen.
1 Vorderreihe in Blau rechte Maschen.
1 Rückreihe in Grün linke Maschen.
1 Vorderreihe in Weiß rechte Maschen.

Bei 35 cm ab Anschlag die restlichen Maschen für die Schulter abketten.

VORDERTEIL

Das Vorderteil gegengleich arbeiten, jedoch den Halsausschnitt bei 29 cm ab Anschlag beginnen und in Streifenfolge weiterarbeiten. Für den Halsausschnitt im Vorderteil die mittleren 20 Maschen abketten, dann

1 x 5 M / 1 x 4 M / 2 x 2 M und 3 x 1 M beidseitig abketten.
Bei 35 cm Gesamthöhe über die 13 verbleibenden Maschen der Schulter beidseitig noch 1,5 cm im Bundmuster in Blau weiterarbeiten und 2 Knopflöcher einarbeiten.
Dann alle Maschen abketten.

ÄRMEL

34 Maschen mit Nadel Nr. 3,5 anschlagen.
Im Bundmuster in Blau über 3 cm stricken.
Nach dem Bund in der ersten Reihe 6 Maschen verteilt zunehmen.

Streifenfolge glatt rechts in 3 Farben

1 Vorderreihe in Grün rechte Maschen.
1 Rückreihe in Weiß linke Maschen.
1 Vorderreihe in Blau rechte Maschen.

Diesen Farbwechsel über den gesamten Ärmel wiederholen.

BEACHTEN

Für die seitliche Zunahme 9 x 1 M über 18 cm nach dem Bund beidseitig zunehmen.

Nach 21 cm Gesamthöhe für die Armschräge 3 x 2 Maschen beidseitig abketten.
Die restlichen 46 Maschen abketten.

Den zweiten Ärmel gleich arbeiten.

AUSARBEITUNG

Alle Nähte schließen, jedoch die Schultern offenlassen.

Für den Kragen am Rückenteil

42 Maschen in Blau auffassen und die aufgefassten Maschen in der ersten Reihe rechts verschränkt abstricken. Im Bundmuster weiterarbeiten über 1,5 cm und dann alle Maschen abketten.

Für den Kragen am Vorderteil

55 Maschen in Blau auffassen und die aufgefassten Maschen in der ersten Reihe rechts verschränkt abstricken.

BEACHTEN

Am oberen Rand des Kragens noch 1 Knopfloch einarbeiten (siehe Abb.).

Die Knöpfe annähen und die Ärmel einnähen.

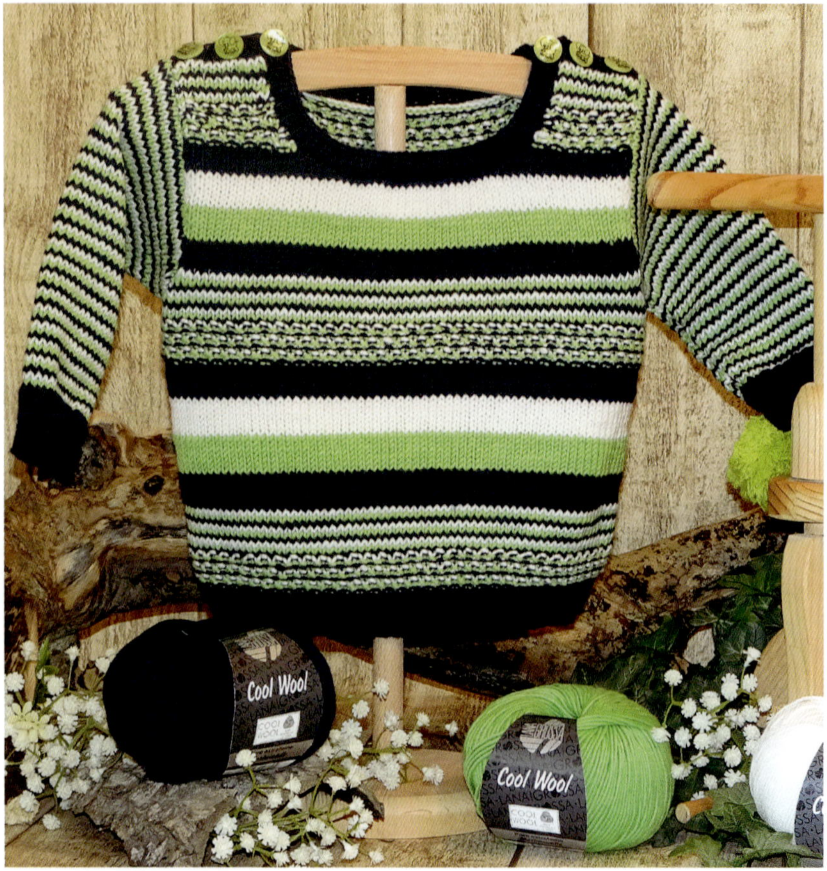

14 HERZPULLOVER IN NATUR

MATERIAL

Größe 86/92

Lana Grossa Cool Wool
Lauflänge: 160 m/50 g
100 % Schurwolle

250 g Ecru, Fb. 432
50 g Weinrot, Fb. 468

Stricknadel Nr. 3,5
Häkelnadel Nr. 3

6 Landhausknöpfe von Union Knopf, Art. Nr. 12865

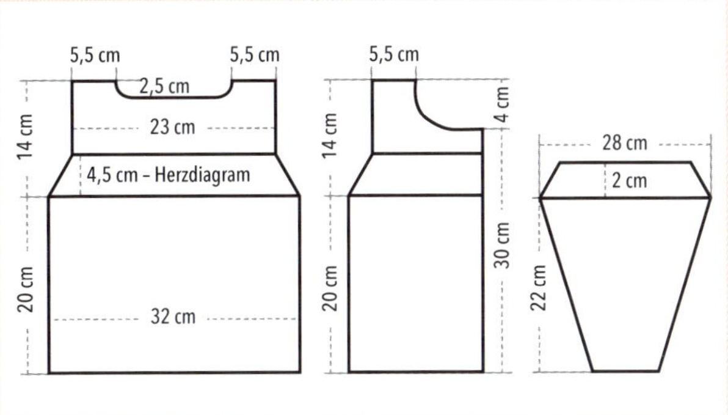

STRICKMUSTER

Bundmuster: 1 Rippe kraus rechts: 1 Vorderreihe re. / 1 Rückreihe re.

Schachbrettmuster: Vorderreihe: 2 M glatt re. / 2 M glatt li. usw.
Rückreihe: abstricken, wie die Maschen erscheinen.
Vorderreihe: Maschen versetzen: 2 M glatt li. / 2 M glatt re.
Rückreihe: abstricken, wie die Maschen erscheinen.
Reihe 1–4 ständig wiederholen.

Zopfmuster: aus 4 Maschen:
Vorderreihe: 2. Masche vor der ersten re. abstricken, dann die 1. Masche re. stricken. Dann beide Maschen auf die rechte Nadel heben.
Die 4. Masche re. verschränkt (in das hintere Maschenglied einstechen) und abstricken, dann die 3. Masche re. stricken und beide Maschen auf die rechte Nadel heben.
Rückreihe: Diese 4 Maschen li. abstricken und in jeder Vorderreihe verzopfen.

glatt re.: 1 Vorderreihe re. / 1 Rückreihe li.

glatt li.: 1 Vorderreihe li. / 1 Rückreihe re.

rechts verschränkt: ins hintere Maschenglied einstechen und rechts abstricken.

Knopfloch: 2 M abketten in der Vorderreihe, 2 Umschläge in der darauffolgenden Reihe machen, diese Umschläge in der folgenden Reihe re. verschränkt abstricken.

RÜCKENTEIL

90 Maschen in Ecru anschlagen.
2 Rippen kraus re. stricken =
2 Vorderreihen und 2 Rückreihen re. stricken.

EINTEILUNG

1 RM / 6 M li / 4 M re. (Zopf) / 8 M li. / 4 M re. (Zopf) / 8 M li. / 4 M re. (Zopf) / 8 M li. / 4 M re. (Zopf) / 8 M li. / 4 M re. (Zopf) / 8 M li. / 4 M re. (Zopf) / 8 M li. / 4 M re. (Zopf) / 6 M li. / 1 RM.

Über 20 cm ab Anschlag den Mustersatz stricken und in jeder Vorderreihe zopfen.
Dann 5 x 2 Maschen in den mittleren 5 Zopfrippen rechts zusammenstricken.
Nach 20 cm mit dem Armloch beginnen, hierfür 3 x 2 M in jeder Vorderreihe abketten.
Mit Beginn der Abnahme erfolgt der Farbwechsel: In Weinrot kraus re. stricken, 1 Vorderreihe und 1 Rückreihe.
Anschließend 4 Reihen glatt re. stricken in Ecru, dann mit dem Herzdiagramm beginnen.

EINTEILUNG FÜR DAS HERZDIAGRAMM IN DER VORDERREIHE IN RECHTEN MASCHEN

1 RM / 5 M in Ecru / 1 M in Rot / 4 M in Ecru / 1 M in Rot / 4 M in Ecru / 1 M in Rot / 4 M in Ecru / 1 M in Rot / 4 M in Ecru / 1 M in Rot / 4 M in Ecru / 1 M in Rot / 4 M in Ecru / 1 M in Rot / 4 M in Ecru / 1 M in Rot / 4 M in Ecru / 1 M in Rot / 4 M in Ecru / 1 M in Rot / 4 M in Ecru / 1 M in Rot / 4 M in Ecru / 1 M in Rot / 5 M in Ecru / 1 RM.

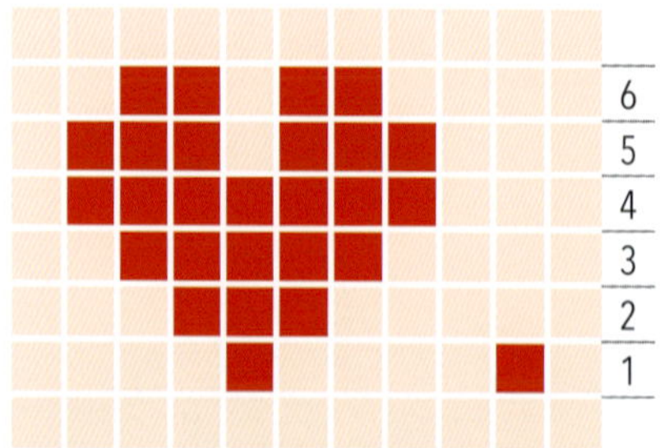

Rapport = 10 Maschen

Weiterarbeiten nach dem Herzdiagram.

Nach dem Herzdiagramm 4 Reihen in Ecru glatt rechts arbeiten.
1 Vorderreihe und 1 Rückreihe in Weinrot kraus re. stricken.
Nun 9 cm im Schachbrettmuster in Ecru stricken.

Bei einer Länge von 31,5 cm ab Anschlag mit dem Halsausschnitt am Rückenteil beginnen. Hierfür die mittleren 32 M abketten, dann für den Hals 1 x 3 M und 1 x 2 M abketten.
Dann 3 Rippen über die 16 Maschen kraus re. stricken und dann alle Maschen abketten.

VORDERTEIL

Gegengleich stricken, hierbei allerdings bei 30 cm ab Anschlag mit dem Halsausschnitt beginnen.
Dafür die mittleren 28 M abketten, dann für den Hals 1 x 3 M / 1 x 2 M und 2 x 1 M beidseitig abketten.
Noch 4 Reihen im Schachbrettmuster stricken, dann für die Schulter noch 3 Rippen kraus re. stricken und in der ersten krausen Rippe das Knopfloch einstricken.

ÄRMEL

38 M in Ecru anschlagen, dann 4 Rippen kraus re. stricken.
Nach dem Bund 6 Maschen verteilt zunehmen.

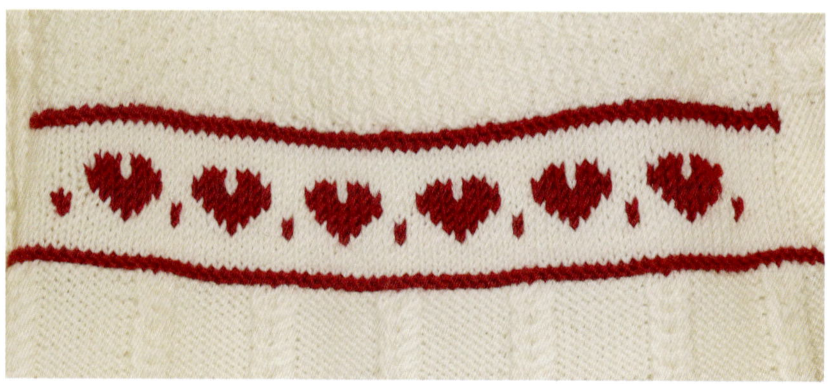

EINTEILUNG

1 RM / 1 M glatt li. / 4 M re. (Zopf) / 8 M glatt li. / 4 M re. (Zopf) / 8 M glatt li. / 4 M re. (Zopf) / 8 M glatt li. / 4 M re. (Zopf) / 1 M li. / 1 RM.

Beidseitig 13 x 1 Masche verteilt zunehmen. Hierbei beachten: Die Zunahmen nur noch glatt li. stricken (kein Zopfmuster mehr zusätzlich einteilen).
Nach 22 cm ab Anschlag = 70 Maschen. Dabei auf beiden Seiten 3 x 2 M in jeder Reihe abketten.
Die restlichen Maschen abketten.

Den zweiten Ärmel gleich stricken.

AUSARBEITUNG

Die Seitennähte zusammennähen und die Ärmel einsetzen.

Für den Halsausschnitt am Vorderteil

52 Maschen in Ecru auffassen, dann 2 Rippen kraus re. stricken. Als Abschluss in Weinrot abketten.

Für den Halsausschnitt am Rückenteil

42 Maschen in Ecru auffassen, dann 2 Rippen kraus re. stricken. Als Abschluss in Weinrot abketten.

Das Ärmelbündchen mit 1 Reihe fester Maschen mit Häkelnadel Nr. 3 in Weinrot umhäkeln.
Den Bund an Vorder- und Rückenteil ebenso mit 1 Runde fester Maschen in Weinrot umhäkeln.
6 Knöpfe annähen.

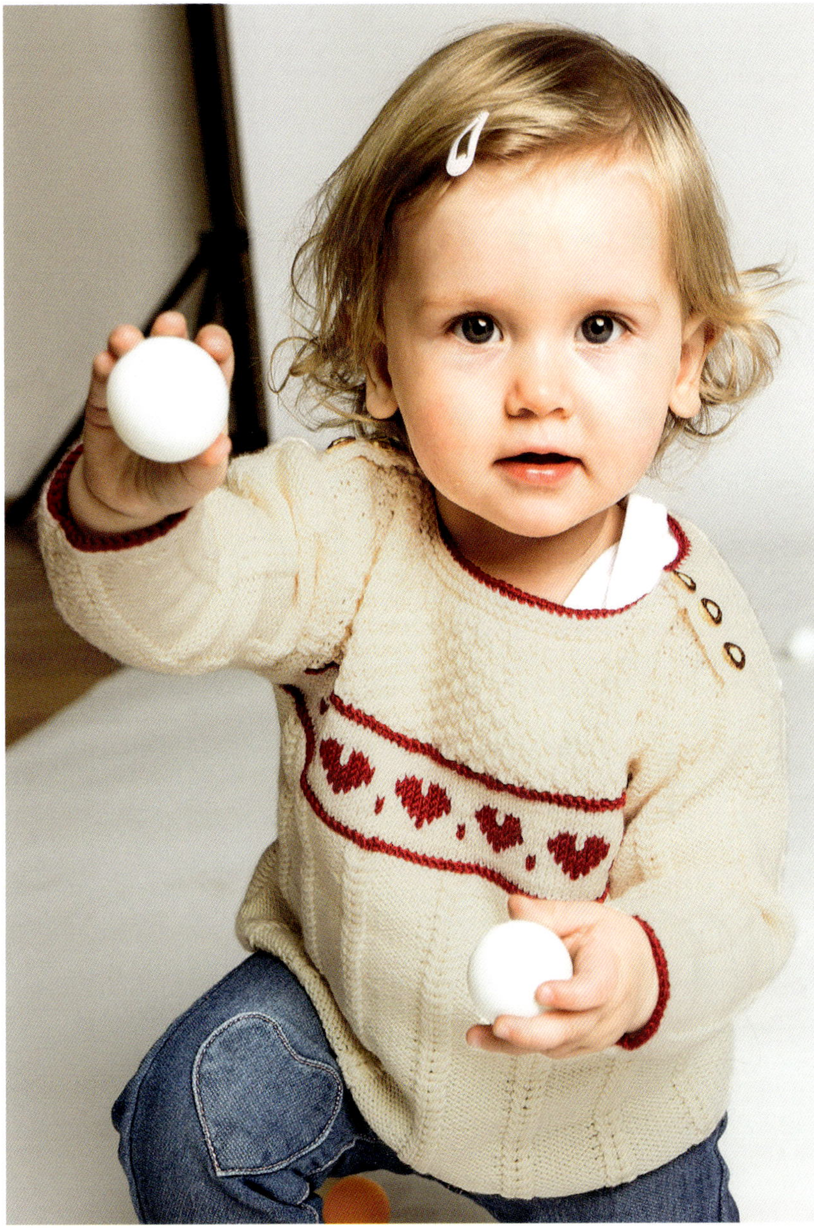

15 LANDHAUSJANKER MIT KLEINEM HIRSCH

MATERIAL

Größe 86/92

Lana Grossa Cool Wool
Lauflänge: 160 m/50 g
100 % reine Schurwolle

200 g Hellgrau, Fb. 443
50 g Dunkelgrau, Fb. 444
50 g Weinrot, Fb. 468

Stricknadel Nr. 3,5
Häkelnadel Nr. 3

8 verschiedene Knöpfe zur Dekoration an der Blende

2 kleine Edelweißknöpfe

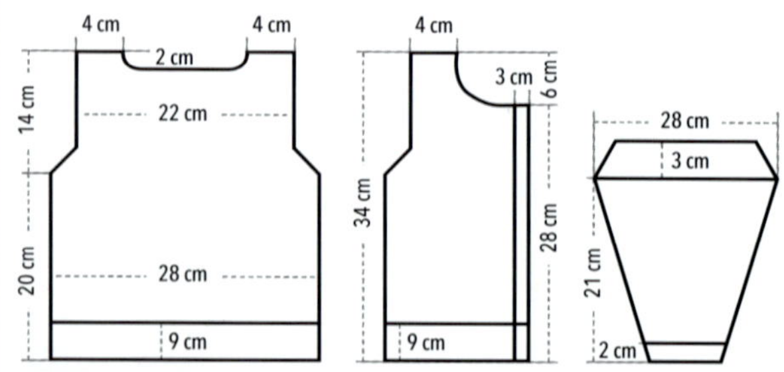

STRICKMUSTER

Bundmuster:	1 Rippe kraus rechts: 1 Vorderreihe re. / 1 Rückreihe re.
glatt rechts:	1 Vorderreihe re. / 1 Rückreihe li.
Taschenbeutel:	18 M anschlagen und 5 cm glatt re. in Weinrot stricken.
Muster in Hellgrau/Weinrot:	Vorderreihe: 1 M glatt re. in Hellgrau, 1 M glatt re. in Weinrot usw. Rückreihe: 1 M glatt re. in Weinrot, 1 M glatt re. in Hellgrau usw.
tiefer gestochene Masche:	in der Rückreihe glatt li. / in der Vorderreihe 1 M re. 1 Reihe tiefer einstechen und stricken.
	Rentier nach Diagramm in Hellgrau einstricken.

RÜCKENTEIL

80 Maschen mit Nadel Nr. 3 in Weinrot anschlagen.
1 Rippe kraus re. in Weinrot.
4 Rippen kraus re. in Dunkelgrau.
4 Reihen glatt re. in Dunkelgrau.

EINTEILUNG FÜR DAS RENTIER

34 M in Dunkelgrau / 1 M in Hellgrau / 1 M in Dunkelgrau / 1 M in Hellgrau / 5 M in Dunkelgrau / 1 M in Hellgrau / 1 M in Dunkelgrau / 1 M in Hellgrau / 35 M in Dunkelgrau.

Das Rentier nach Diagramm in Hellgrau in der Mitte einstricken, danach 4 Reihen glatt re. in Dunkelgrau.

Muster in Hellgrau und Weinrot

2 Reihen einstricken.
In Hellgrau weiterarbeiten.

IN DER MITTE DES RÜCKENTEILS FOLGENDE EINTEILUNG

39 M kraus re. / 2 M glatt li. / 39 M kraus re.
Nach 20 cm ab Anschlag mit dem Armloch beginnen, hierfür 3 x 2 M beidseitig abketten.

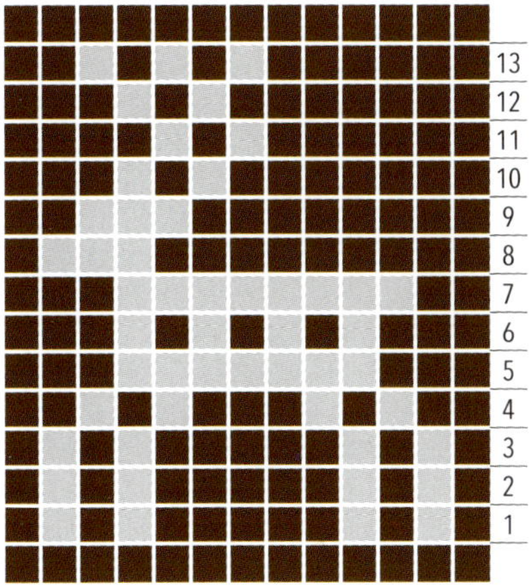

Rentier

Nach weiteren 12 cm ab dem Armloch mit dem Halsausschnitt beginnen, hierfür die mittleren 28 M abketten, dann 1 x 3 M /1 x 2 M / 1 x 1 M abketten.
Die restlichen 14 Maschen für die Schulter abketten.

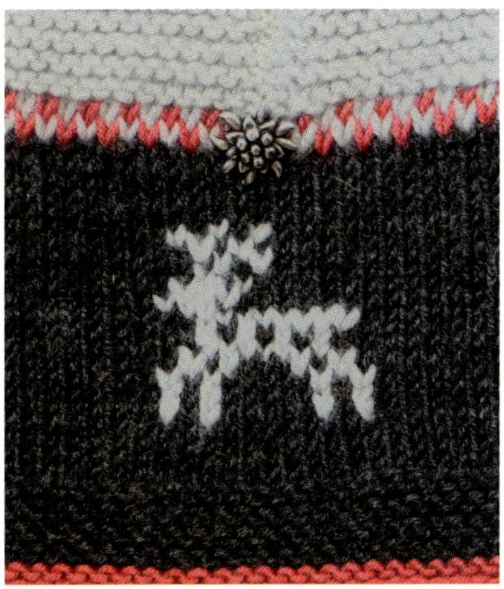

VORDERTEIL, RECHTS

38 Maschen mit Nadel Nr. 3 in Weinrot anschlagen.
1 Rippe kraus re. in Weinrot.
4 Rippen kraus re. in Dunkelgrau.
4 Reihen glatt re. in Dunkelgrau.

EINTEILUNG FÜR DAS RENTIER

12 M glatt re. in Dunkelgrau / 1 M in Hellgrau / 1 M in Dunkelgrau / 1 M in Hellgrau / 5 M in Dunkelgrau / 1 M in Hellgrau / 1 M in Dunkelgrau / 1 M in Hellgrau / 15 M in Dunkelgrau.

Das Rentier nach Diagramm in Hellgrau in der Mitte einstricken, danach 4 Reihen glatt re. in Dunkelgrau.

Muster in Hellgrau und Weinrot

2 Reihen einstricken.

Nach dem Mustersatz in der Vorderreihe in Hellgrau weiterarbeiten und 7 M zu Beginn der Reihe neu anschlagen: 6 M kraus re. / 1 M li. in der Vorderreihe (auf der Rückreihe diese Masche 1 Reihe tiefer einstechen und re. abstricken). Die restlichen 38 M kraus re. in Hellgrau arbeiten.

Nach 20 cm ab dem Anschlag mit dem Armloch beginnen. Hierfür 3 x 2 M abketten

Nach 28 cm ab dem Anschlag mit dem Halsausschnitt beginnen. Hierfür die 7 M der Blende abketten, dann 1 x 6 M / 1 x 4 M / 1 x 3 M / 1 x 2 M und 3 x 1 M in jeder Vorderreihe abketten.

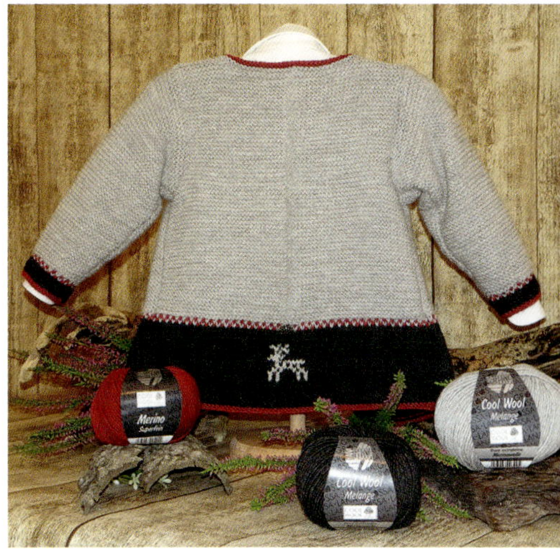

Bei einer Gesamthöhe von 34 cm die restlichen 14 M für die Schulter abketten.

VORDERTEIL, LINKS

38 Maschen mit Nadel Nr. 3 in Weinrot anschlagen.
1 Rippe kraus re. in Weinrot.
4 Rippen kraus re. in Dunkelgrau.
4 cm glatt re. in Dunkelgrau stricken und dann mit der Tasche beginnen.

EINTEILUNG FÜR TASCHE

1 RM / 8 M glatt re. / 18 M abketten / 8 M glatt re. / 1 RM.

In der Rückreihe den separat gestrickten Taschenbeutel von 4 cm Höhe über die 18 abgeketteten Maschen einstricken.
Danach 6 Reihen glatt re. stricken in Dunkelgrau.

Muster in Hellgrau und Weinrot

2 Reihen einstricken.

Den Rest des linken Vorderteils gegengleich arbeiten wie das rechte Vorderteil.

ÄRMEL

38 Maschen mit Nadel Nr. 3 in Weinrot anschlagen.
1 Rippe kraus re. in Weinrot.
4 Rippen kraus re. in Dunkelgrau.

Muster in Hellgrau und Weinrot

2 Reihen einstricken

Nach dem Mustereinsatz in der ersten Reihe 6 Maschen verteilt zunehmen und dann in Hellgrau in kraus re. weiterarbeiten.
Beidseitig auf der Länge von 21 cm 11 Maschen verteilt zunehmen.
Nach 21 cm ab dem Anschlag für die Armschräge 3 x 2 M beidseitig abketten.
Die restlichen 54 Maschen abketten.
Den zweiten Ärmel gleich arbeiten.

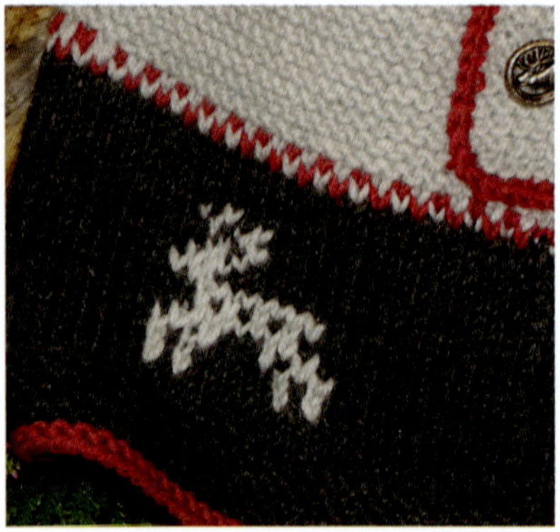

AUSARBEITUNG

Alle Nähte schließen und die Ärmel einnähen.
Die Blende an den Vorderteilen umlegen und an der tiefer gestochenen Masche leicht annähen (fixieren).

Für den Kragen

90 Maschen in Hellgrau mit Nadel Nr. 3 auffassen und die erste Reihe rechts verschränkt abstricken. Dann 2 Rippen kraus re. in Hellgrau stricken, 1 Rippe kraus re. in Weinrot und dann alle Maschen in Weinrot abketten.

Die Blende in Weinrot mit einer Reihe fester Maschen mit Häkelnadel Nr. 3 umhäkeln.
Den Taschenbeutel in Weinrot mit einer Reihe fester Maschen mit Häkelnadel Nr. 3 umhäkeln.
2 Edelweiße re. und li. von der Tasche annähen.
Zuletzt die Deko-Knöpfe nach Abbildung annähen.

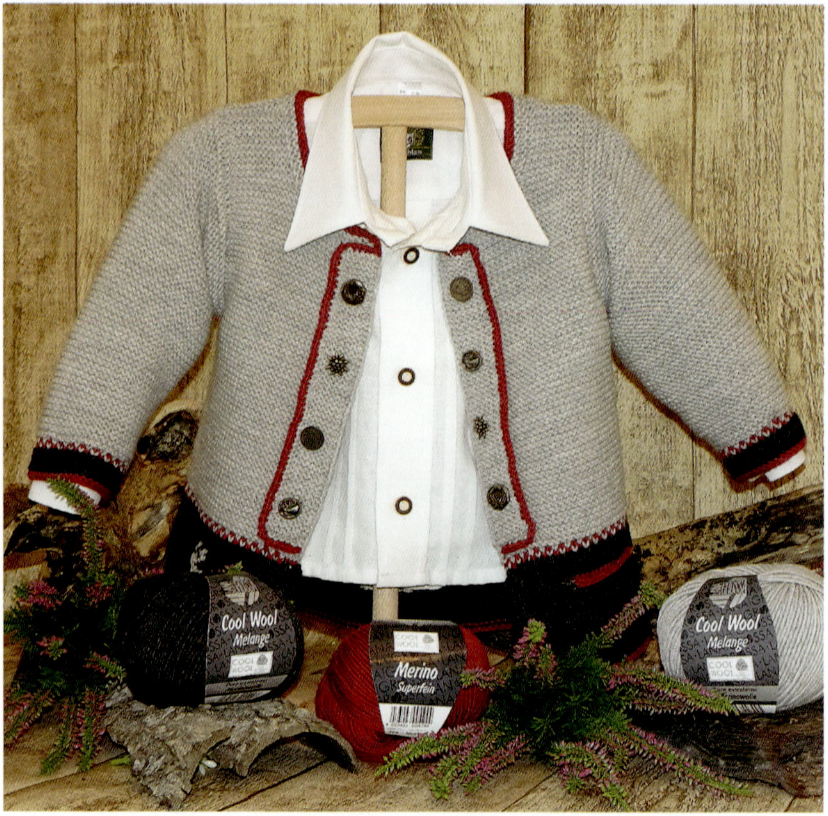

16 LANDHAUS-MÄDCHEN-TRAUM IN PINK

MATERIAL

Größe 92/98

Lana Grossa Cool Wool Big
Lauflänge: 120 m/50 g
100 % reine Schurwolle

200 g Pink, Fb. 690
50 g Rosa, Fb. 915
50 g Grün, Fb. 941

Stricknadel Nr. 3,5

5 Knöpfe von Seco, Art. Nr. 98091

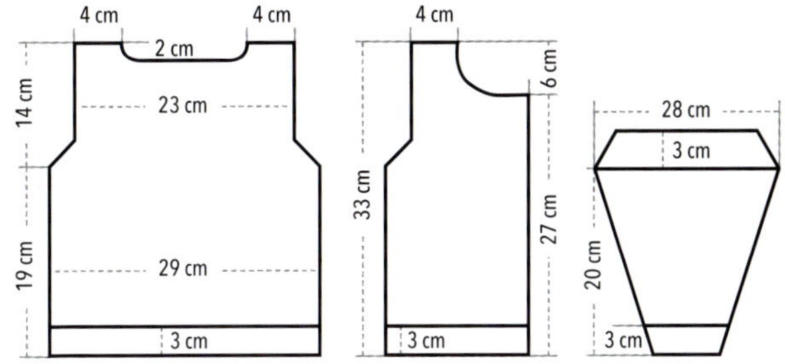

MASCHENPROBE

19 M = 26 Reihen = 10 cm

STRICKMUSTER

1 Rippe kraus re.: 1 Vorderreihe re. / 1 Rückreihe re.

Taschenbeutel: 14 Maschen in Grün anschlagen, glatt rechts: 1 Vorderreihe re. / 1 Rückreihe li. über 5 cm

Blenden und Kragenmuster: kraus rechts

glatt links: 1 Vorderreihe li. M / 1 Rückreihe re. M

Norwegermuster: Vorderreihe: 1 M re. in Pink, 1 M re. in Grün usw.
Rückreihe: stricken, wie die Maschen erscheinen.
Vorderreihe: 1 M re. in Grün, 1 M re. in Pink usw.
Rückreihe: stricken, wie die Maschen erscheinen.

Knopfloch: 2 M in der Vorderreihe abketten, in der Rückreihe 2 Umschläge an der abgeketteten Stelle machen, in der Vorderreihe die Umschläge re. verschränkt abstricken.

RÜCKENTEIL

69 Maschen mit Nadel Nr. 3,5 in Grün anschlagen.
2 Rippen in Grün kraus re.
1 Rippe in Pink kraus re.
4 Reihen Norwegermuster

EINTEILUNG IN PINK NACH DEM NORWEGERMUSTER

34 Maschen kraus re. / 1 M glatt li. / 34 Maschen kraus re.
Nach 19 cm mit dem Armloch beginnen, hierfür 3 x 2 Maschen in jeder Vorderreihe abketten.
Nach 31 cm ab dem Anschlag mit dem Halsausschnitt beginnen, hierfür die mittleren 25 Maschen abketten, dann für den Hals 1 x 3 M und 1 x 2 M abketten.

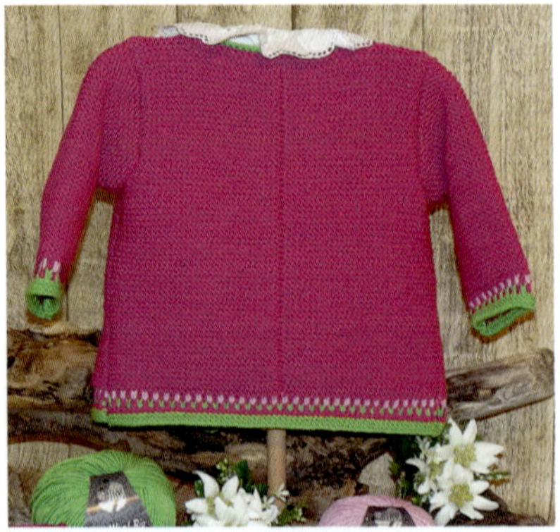

Die restlichen 11 Maschen der Schulter abketten.

VORDERTEIL

35 Maschen in Grün anschlagen.
2 Rippen in Grün kraus re.
1 Rippe in Pink kraus re.
4 Reihen Norwegermuster
Nach dem Norwegermuster 4 cm kraus re. stricken, dann mit dem Taschenbeutel beginnen.

EINTEILUNG FÜR DEN TASCHENBEUTEL

10 M kraus re. / 14 M abketten / 11 M kraus re.

In der Rückreihe den Taschenbeutel an der Stelle der abgeketteten Maschen einsetzen (14 Maschen in Grün) und über alle folgenden Maschen kraus re. in Pink weiterstricken.
Bei 19 cm mit dem Armloch beginnen, hierfür 3 x 2 M abketten.
Bei 27 cm mit dem Halsausschnitt beginnen. Dafür 1 x 6 M / 1 x 4 M / 1 x 3 M / 1 x 2 M und 3 x 1 M abketten.
Bei 33 cm die restlichen 11 Maschen abketten.

ZWEITES VORDERTEIL

Gegengleich stricken und 5 Knopflöcher einstricken, verteilt über die Länge von 27 cm an der Seite der Blende.

ÄRMEL

40 Maschen in Grün anschlagen
Den Mustersatz mit dem Norwegermuster wie in Vorder- und Rückenteil im Ärmelbund einstricken, in Pink kraus re. weiterarbeiten und in der ersten Reihe nach dem Norwegermuster 4 M verteilt zunehmen.
Beidseitig auf der Länge von 20 cm ab Anschlag 8 x 1 M verteilt zunehmen.
Nach 20 cm für die Armschräge 3 x 2 M beidseitig abketten.
Die restlichen 48 Maschen abketten.
Den zweiten Ärmel gleich arbeiten.

AUSARBEITUNG

Alle Nähte schließen.

Blende am Halsausschnitt

76 Maschen in Pink auffassen, 1 Reihe rechts verschränkt abstricken,
2 Rippen in Pink kraus re., 1 Rippe in Grün kraus re. Dann alle Maschen in Grün abketten.

Blende am Vorderteil

59 Maschen pro Seite in Pink auffassen, rechts verschränkt in der Vorderreihe abstricken und 2 Rippen in Pink kraus re. stricken. 1 Rippe in Grün kraus re. und dann alle Maschen in Grün abketten.

Knopflöcher einstricken

5 Knopflöcher einstricken, verteilt über die Länge von 27 cm an der Seite der Blende.

Die Knöpfe und die Deko laut Bild annähen.

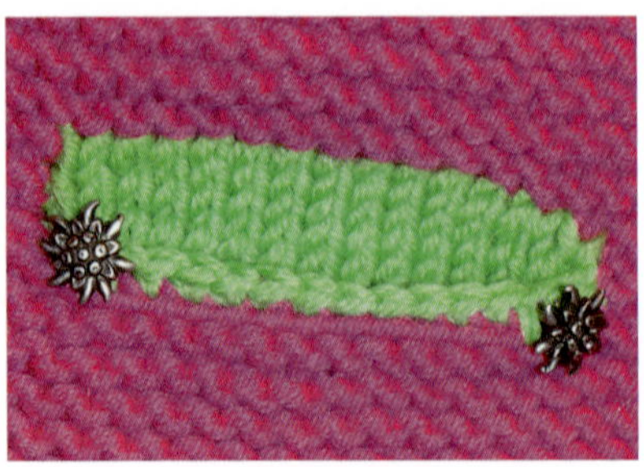

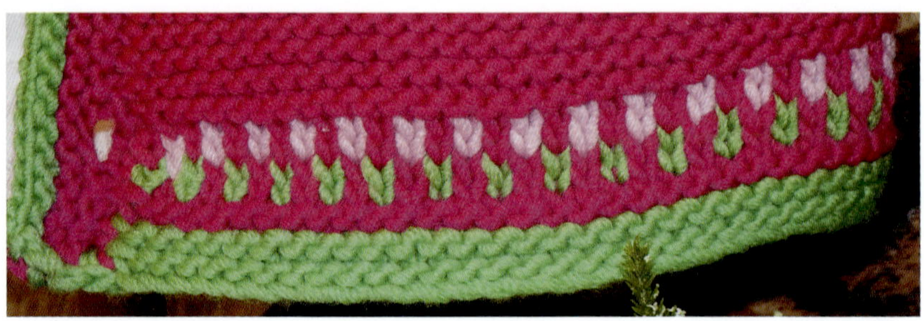

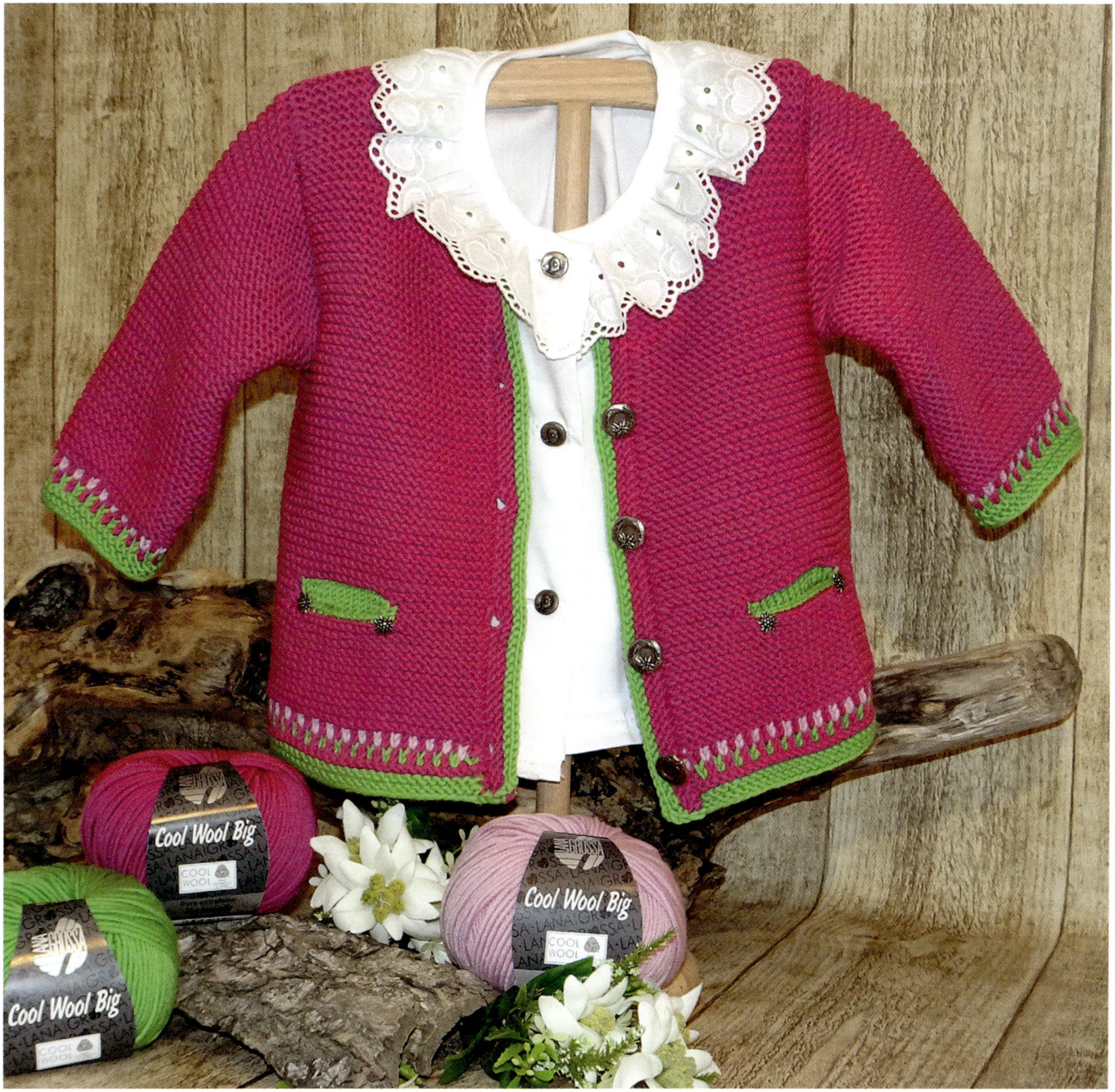
Cool Wool Big
Cool Wool Big
Cool Wool Big

17 MAIGRÜNER LANDHAUSTRAUM

MATERIAL

Größe 92/98

Lana Grossa Cool Wool Big
Lauflänge: 120 m/50 g
100 % Schurwolle

250 g Grün, Fb. 941
100 g Pink, Fb. 680

Häkelnadel Nr. 3
Stricknadel Nr. 3,5

5 Knöpfe von Union Knopf, Art. Nr. 15668

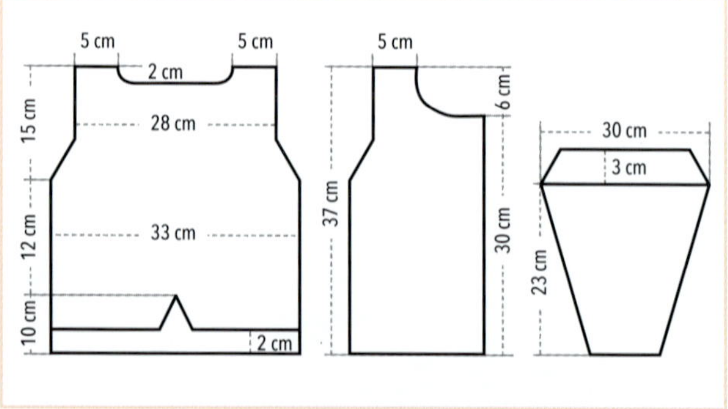

STRICKMUSTER

1 Rippe kraus re.: 1 Vorderreihe re. / 1 Rückreihe re.

glatt re.: 1 Vorderreihe re. / 1 Rückreihe li.

Taschenbeutel: 16 Maschen in Pink glatt re. über 5 cm stricken und stilllegen.

Knopfloch: 2 Maschen in der Vorderreihe abketten, in der Rückreihe 2 Umschläge machen und in der Vorderreihe die Umschläge re. verschränkt abstricken.

Krebsmasche gehäkelt: feste Maschen rückwärts häkeln

RÜCKENTEIL

40 Maschen für das erste Rückenteil in Pink anschlagen, dann 4 Rippen kraus re. in Pink stricken.
In Grün weiterarbeiten, über 7 cm kraus re. stricken und alle Maschen stilllegen.

Das zweite Rückenteil gegengleich arbeiten, dann 4 Maschen neu anschlagen und mit dem zweiten Teil verbinden = 84 Maschen.
Nun beide Teile in einem Stück kraus re. stricken.

Bei 22 cm Gesamtlänge für das Armloch 3 x 2 M beidseitig abketten.
Bei 33 cm Gesamtlänge ab Anschlag den Halsausschnitt beginnen, hierfür die mittleren 30 Maschen abketten, dann für den Hals 1 x 3 M / 1 x 2 M / 1 x 1 M abketten. Die restlichen 15 Maschen für die Schulter abketten.

VORDERTEIL

40 Maschen in Pink anschlagen, dann 4 Rippen kraus re. stricken.
In Grün weiterarbeiten, über 5 cm

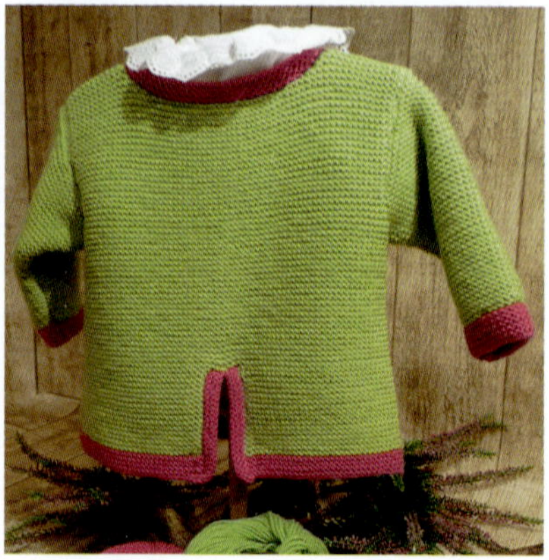

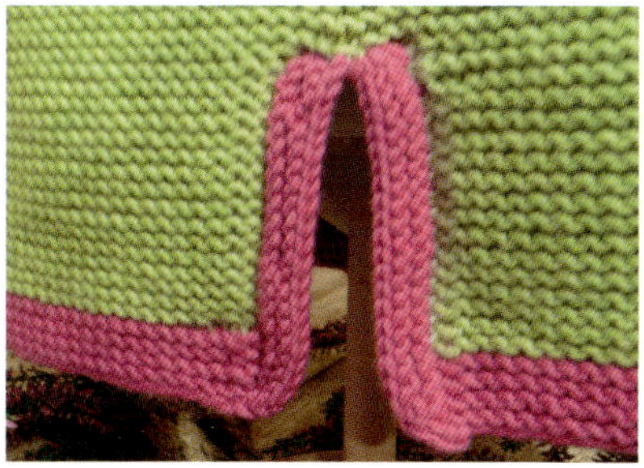

kraus re. und hierbei die Tasche einstricken.

EINTEILUNG FÜR DEN TASCHENBEUTEL

1 RM / 11 M kraus re. / 16 M abketten / 11 M kraus re. / 1 RM.

An der Stelle der abgeketteten 16 Maschen in der Rückreihe den Taschenbeutel in Pink einfügen.
In Grün weiterarbeiten und bei 22 cm Gesamtlänge für das Armloch 3 x 2 M abketten.
Bei 30 cm ab Anschlag für den Halsausschnitt 1 x 6 M / 1 x 4 M / 1 x 3 M / 2 x 2 M und 2 x 1 M abketten.
Die restlichen 15 Maschen für die Schulter abketten.

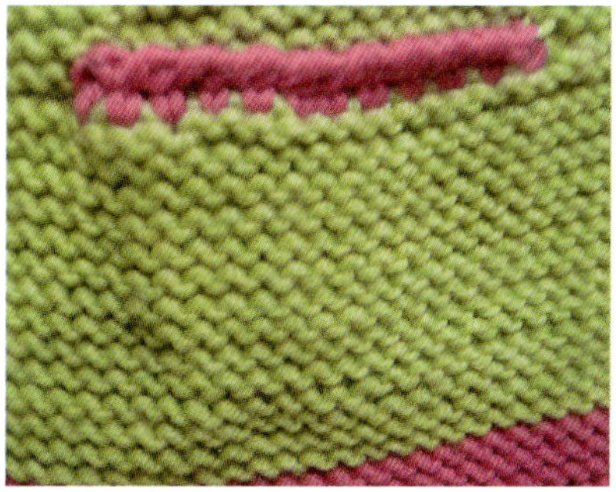

Das zweite Vorderteil gegengleich stricken.

ÄRMEL

36 Maschen in Pink anschlagen und 4 Rippen kraus. re. stricken.
In Grün weiterarbeiten und 6 Maschen verteilt zunehmen.
Beidseitig auf einer Länge von 23 cm 12 x 1 M zunehmen.
Nach 23 cm für die Armschräge 3 x 2 M beidseitig abketten.
Die restlichen Maschen abketten.

Den zweiten Ärmel gleich arbeiten.

AUSARBEITUNG

Alle Nähte schließen.

Für den Kragen

84 Maschen in Grün auffassen und 1 Reihe re. verschränkt in der Vorderreihe abstricken.
Dann 4 Rippen kraus re. in Pink weiterarbeiten.
Alle Maschen abketten.

Für die Blende auf der linken Seite

65 Maschen in Grün auffassen und 1 Reihe re. verschränkt in der Vorderreihe abstricken.
Dann 4 Rippen kraus re. in Pink weiterarbeiten.
Alle Maschen abketten.

Für die Blende auf der rechten Seite

65 Maschen in Grün auffassen und 1 Reihe re. verschränkt in der Vorderreihe abstricken.
Dann 1 Rückreihe in Pink abstricken und in der folgenden Vorderreihe 5 Knopflöcher einarbeiten.
Noch 3 Rippen kraus re. in Pink stricken und dann alle Maschen abketten.

Die Taschen mit 1 Reihe fester Maschen und 1 Reihe Krebsmaschen in Pink umhäkeln.

Für den Schlitz im Rückenteil

In Grün 22 Maschen auffassen und 1 Reihe rechts verschränkt in der Vorderreihe abstricken. 2 Rippen kraus re. in Pink weiterarbeiten und alle Maschen abketten.
Den zweiten Schlitz gegengleich arbeiten.
Die Knöpfe annähen.

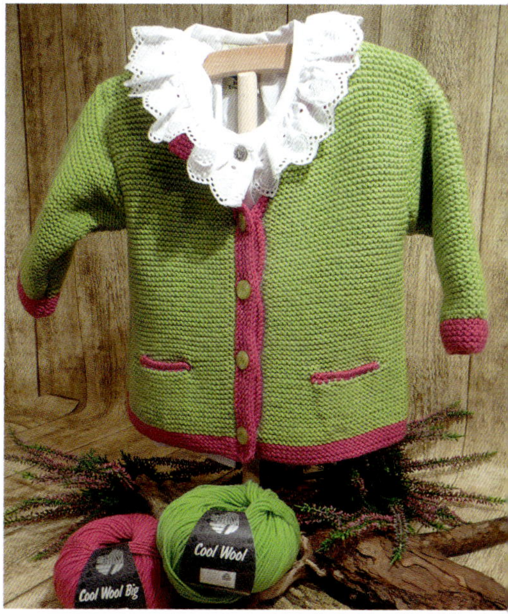

18 HERZIGER ZOPFTRAUM IN KIRSCHROT

MATERIAL

Größe 92/98

Lana Grossa Alpina
Lauflänge: 210 m/100 g
80 % Schurwolle, 20 % Polyamid

300 g Rot, Fb. 15
100 g Grau, Fb. 4

Stricknadel Nr. 4

5 Knöpfe von Union Knopf, Art. Nr. 529470

Herz-Trachtenknopf, Größe: 18 mm

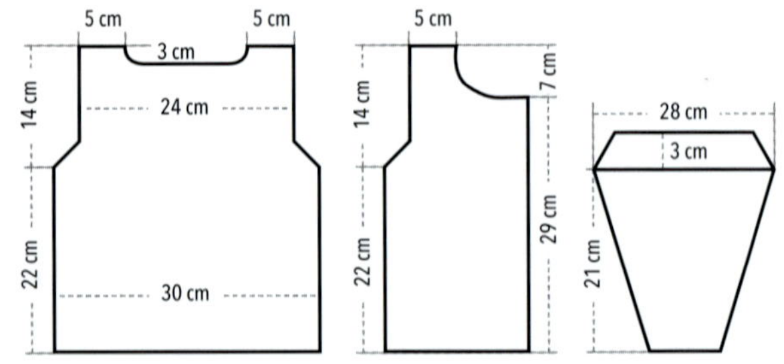

STRICKMUSTER

1 Rippe kraus re.: 1 Vorderreihe re. / 1 Rückreihe re.

großes Perlmuster: Vorderreihe: 1 M re. / 1 M li. usw.
Rückreihe: abstricken, wie die Maschen erscheinen.
Vorderreihe: Maschen versetzen: 1 M li. / 1 M re. usw.

Zopfmuster: bestehend aus 9 Maschen: 3 M auf eine Hilfsnadel hinter die Arbeit legen, 3 M glatt re. abstricken, dann die 3 Maschen der Hilfsnadel glatt re. abstricken. Dann noch 3 Maschen re.
1 Rückreihe li abstricken, 1 Vorderreihe re. abstricken, 1 Rückreihe li. abstricken, dann wieder zopfen.
3 M glatt re. abstricken, 3 M auf eine Hilfsnadel vor die Arbeit legen, 3 Maschen glatt re abstricken, dann die 3 Maschen der Hilfsnadel glatt re. abstricken.
1 Rückreihe li. abstricken, 1 Vorderreihe re. abstricken,
1 Rückreihe li. abstricken, dann wieder zopfen.

Tiefer gestochene Masche: in der Vorderreihe die Masche eine Reihe tiefer einstechen und re. stricken, auf der Rückreihe diese Masche li. stricken

Knopfloch: in der Vorderreihe 2 M abketten, in der Rückreihe 2 Umschläge machen, in der Vorderreihe die 2 Umschläge re. verschränkt abstricken.

RÜCKENTEIL

66 Maschen in Grau mit Nadel Nr. 4 anschlagen.
1 Rippe kraus re. in Grau stricken, dann 2 Rippen kraus re. in Rot stricken.

Nach dem Bund in der Mustereinteilung 10 Maschen verteilt zunehmen = 76 Maschen.

EINTEILUNG FÜR DEN RÜCKENTEIL

1 RM / 21 M großes Perlmuster / 2 M glatt li. / 1 M glatt re. tiefer einstechen / 2 M glatt li. / 9 M glatt re. (Zopf) / 4 M glatt li. / 9 M glatt re (Zopf) / 2 M glatt li. / 1 M glatt re. tiefer einstechen / 2 M glatt li. / 21 Maschen großes Perlmuster / 1 RM.

Nach 22 cm ab Anschlag mit dem Armloch beginnen, hierfür 2 x 2 M beidseitig abketten.

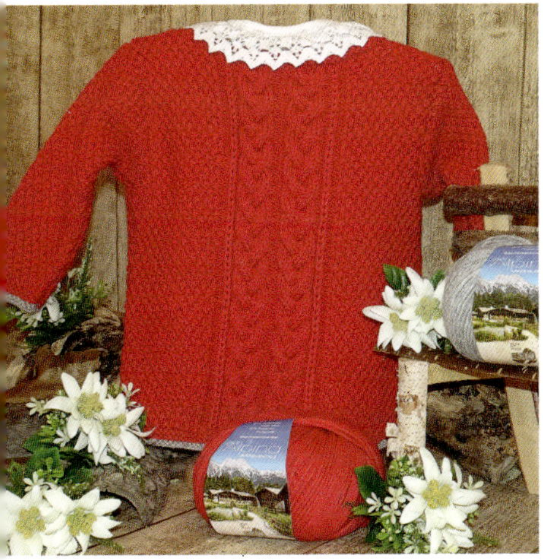

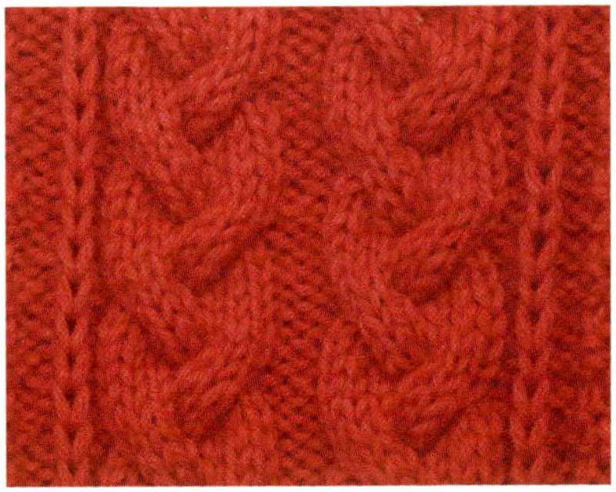

Bei 33 cm ab Anschlag mit dem Halsausschnitt beginnen. Hierfür werden zuerst 8 x 2 M verteilt in den Zöpfen zusammengestrickt.
Nun die mittleren 24 Maschen abketten, dann für den Hals 1 x 3 M / 1 x 2 M beidseitig abketten.

Bei 36 cm Gesamthöhe ab Anschlag die restlichen 13 Maschen für die Schulter abketten.

VORDERTEIL

33 Maschen in Grau mit Nadel Nr. 4 anschlagen.
1 Rippe kraus re. in Grau stricken, dann 2 Rippen kraus re. in Rot stricken.

Nach dem Bund in der Mustereinteilung 5 Maschen verteilt zunehmen = 38 Maschen.

EINTEILUNG FÜR DEN VORDERTEIL

1 RM / 2 M glatt li. / 9 M glatt re. (Zopf) / 2 M glatt li. / 1 M glatt re. tiefer einstechen / 1 M glatt li. / 21 M großes Perlmuster / 1 RM.

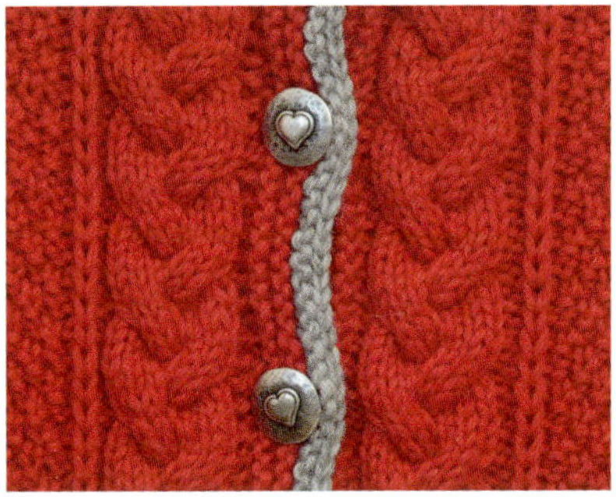

Nach 22 cm ab Anschlag mit dem Armloch beginnen, hierfür 2 x 2 M abketten.
Bei 29 cm ab Anschlag mit dem Halsausschnitt beginnen. Vor der Abnahme des Halsausschnittes 2 x 2 M im Zopf verteilt zusammenstricken.
Für den Hals 1 x 6 M / 1 x 4 M / 1 x 3 M / 1 x 2 M und 2 x 1 M abketten.
Bei 36 cm Gesamthöhe ab Anschlag die restlichen 14 Maschen für die Schulter abketten.
Das zweite Vorderteil gegengleich arbeiten.

ÄRMEL

34 Maschen in Grau anschlagen.
1 Rippe kraus re. in Grau stricken, dann 3 Rippen kraus re. in Rot stricken.
Nach dem Bund 6 Maschen verteilt im Mustersatz der ersten Reihe zunehmen.
Weiterarbeiten im großen Perlmuster.
Auf der Länge von 21 cm 9 x 1 Masche beidseitig zunehmen.
Nach 21 cm für die Armschräge 2 x 2 M beidseitig abketten.

Die restlichen 50 Maschen abketten.

Den zweiten Ärmel gleich arbeiten

AUSARBEITUNG

Alle Nähte schließen.

Für den Halsausschnitt

76 Maschen in Rot auffassen, die erste Reihe re. verschränkt abstricken, dann 2 Rippen kraus re. in Rot, 1 Rippe kraus re. in Grau und in Grau alle Maschen abketten.

Für die Blende der linken Seite

68 Maschen in Rot auffassen, die erste Reihe re. verschränkt abstricken, dann 2 Rippen kraus re. in Rot, 1 Rippe kraus re. in Grau und in Grau alle Maschen abketten.

Für die Blende der rechten Seite

68 Maschen in Rot auffassen, die erste Reihe re. verschränkt abstricken, in der folgenden Vorderreihe 5 Knopflöcher verteilt einarbeiten. Dann eine Rück-, eine Vorder- und eine Rückreihe in Rot, 1 Rippe kraus re. in Grau und in Grau alle Maschen abketten.

Zuletzt 5 Knöpfe annähen.

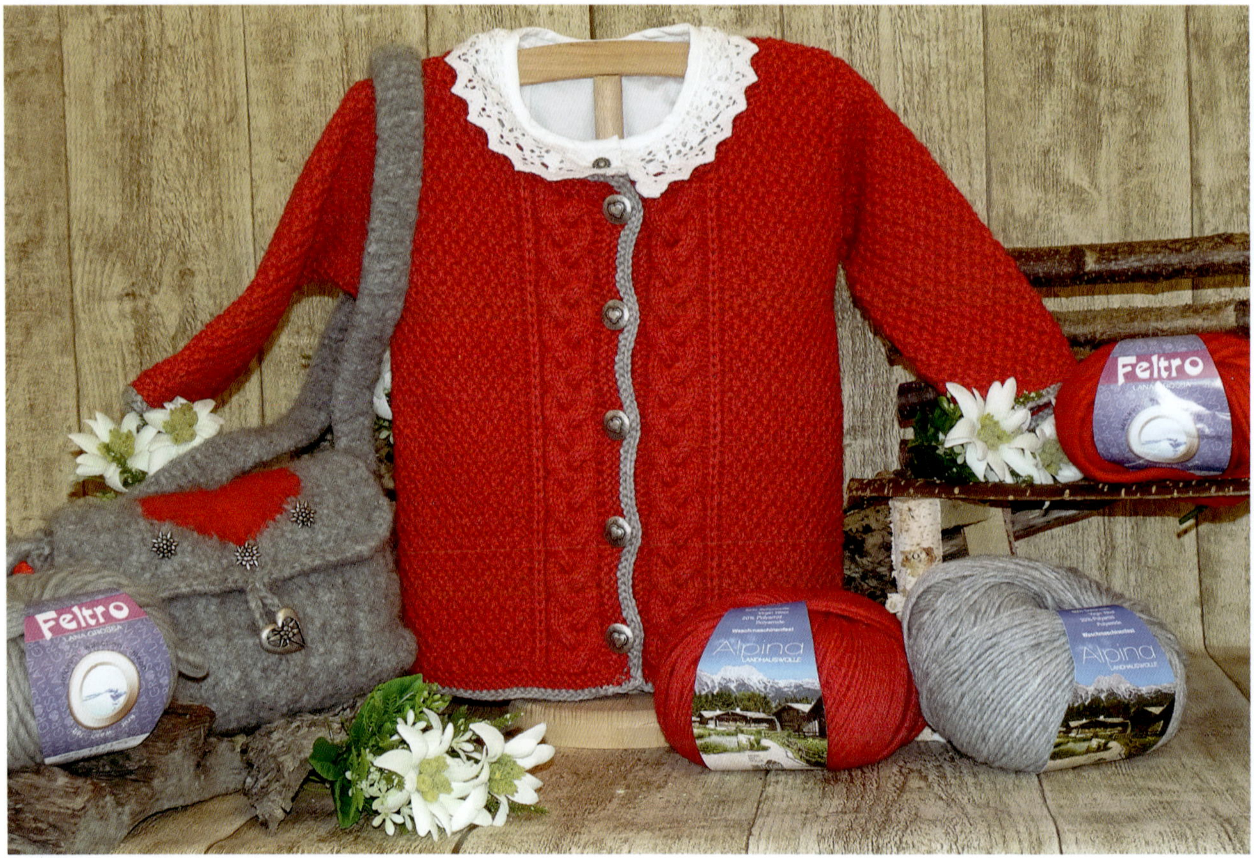

19 KAPUZENLAUSBUB-JACKE IN PETROL

MATERIAL

Größe 92/98

Lana Grossa Cool Wool Big
Lauflänge: 120 m/50 g
100 % Schurwolle

350 g Petrol, FB. 339
50 g Hellgrün, Fb. 941

Stricknadel 3,5
Häkelnadel 3,0

5 Knöpfe von Union Knopf, Art. Nr. 26424

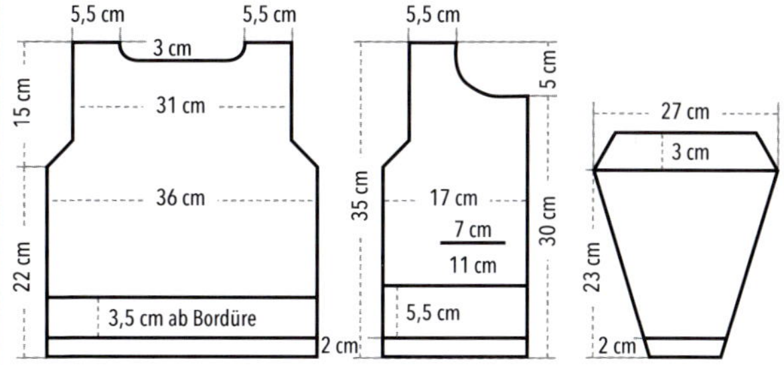

STRICKMUSTER

1 Rippe kraus re.: 1 Vorderreihe re. / 1 Rückreihe re.

glatt re.: 1 Vorderreihe re. / 1 Rückreihe li.

glatt li.: 1 Vorderreihe li. / 1 Rückreihe re.

Knopfloch: 2 M in der Vorderreihe abketten, in der Rückreihe für die 2 abgeketteten Maschen 2 Umschläge machen, in der Vorderreihe die beiden Umschläge re. verschränkt abstricken (den Umschlag ins hintere Maschenglied einstechen und re. abstricken).

Taschenbeutel: 18 Maschen in Grün anschlagen und 8 cm glatt re. stricken.

Bundmuster: in Petrol 1 Rippe kraus re.
in Grün 1 Rippe kraus re.
in Petrol 1 Rippe kraus re.
in Grün 1 Rippe kraus re.

RÜCKENTEIL

82 Maschen in Petrol mit Nadel Nr. 3,5 anschlagen.
Im Bundmuster stricken (siehe Strickmuster).
Nach dem Bundmuster 4 Reihen glatt re. in Petrol stricken, dann die Einteilung vom Mustersatz machen (siehe Diagramm in Norwegertechnik).

Nach Einarbeitung des Diagramms noch 3 Reihen in Petrol glatt re. stricken, dann 1 Rippe in Grün kraus re. stricken.
In Petrol weiterarbeiten mit folgender Einteilung.

EINTEILUNG

40 M kraus re. / 2 M glatt li. / 40 M kraus re.

Nach 22 cm ab Anschlag mit dem Armloch beginnen, hierfür 3 x 2 Maschen beidseitig abketten.
Nach 34 cm ab Anschlag mit dem Halsausschnitt beginnen, hierfür die mittleren 30 Maschen abketten, dann für den Hals noch 1 x 3 M / 1 x 2 M und 1 x 1 M beidseitig abketten.
Nach 37 cm ab Anschlag die restlichen 14 Maschen abketten.

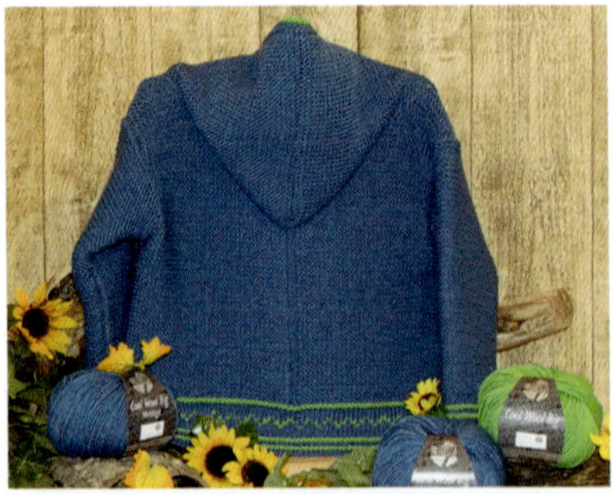

VORDERTEIL

40 Maschen in Petrol anschlagen und im Bundmuster stricken.
Danach 4 Reihen glatt re. in Petrol stricken, dann die Einteilung vom Mustersatz machen (siehe Diagramm in Norwegertechnik).
Nach Einarbeitung des Musters noch 3 Reihen in Petrol glatt re. stricken, dann 1 Rippe in Grün kraus re. stricken.
Nach weiteren 5 cm in Petrol in kraus re. die Tasche einarbeiten, hierfür in der Vorderreihe 1 M kraus re. stricken, 18 M abketten, 11 M kraus re. stricken.
In der Rückreihe 11 M kraus re. stricken, den Taschenbeutel in Grün an der Stelle der abgeketteten Maschen einstricken, 11 M kraus re.
Nach 22 cm ab Anschlag mit dem Armloch beginnen, hierfür 3 x 2 Maschen abketten.
Für den Halsausschnitt 32 cm ab Anschlag 1 x 6 M / 1 x 4 M / 1 x 3 M / 1 x 2 M und 5 x 1 M abketten.
Bei einer Gesamthöhe von 37 cm die restlichen 14 Maschen für die Schulter abketten
Das zweite Vorderteil gegengleich arbeiten.

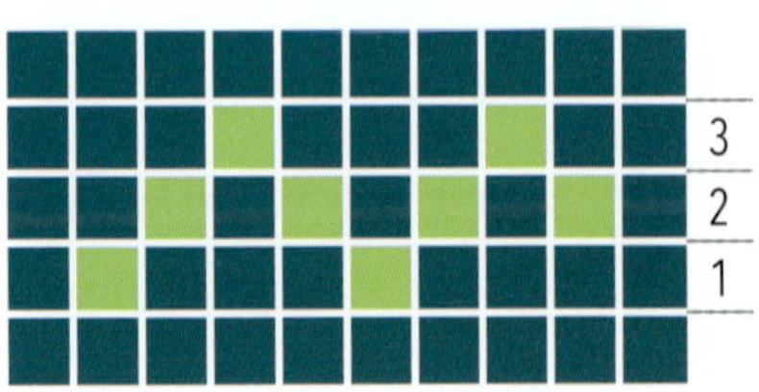

ÄRMEL

36 Maschen in Petrol mit Nadel Nr. 3,5 anschlagen und im Bundmuster stricken.
Nach dem Bund in Petrol kraus re. weiterarbeiten und 6 Maschen in der ersten Reihe verteilt zunehmen.
Auf der Länge von 25 cm 13 x 1 Masche beidseitig zunehmen.
Nach 25 cm ab Anschlag für die Armschräge 3 x 2 Maschen beidseitig abketten.
Die restlichen Maschen abketten.
Den zweiten Ärmel gleich arbeiten.

AUSARBEITUNG

Alle Nähte schließen.

Für die Kapuze

Am Halsausschnitt 80 Maschen in Petrol auffassen. Die aufgefassten Maschen in der ersten Reihe re. verschränkt abstricken.
In kraus re. 16 cm stricken.
Nach 16 cm Einteilung für Mützenabnahme: 36 Maschen kraus re., dann 1 Masche wie zum Rechtsstricken abheben, 1 Masche re. und die abgehobene Masche überziehen (wie beim Abketten), dann 2 Maschen kraus re., 2 Maschen re. zusammenstricken, dann 36 Maschen kraus re.
Diesen Vorgang in jeder Vorderreihe 4 x wiederholen.
Die restlichen Maschen auf 2 Nadeln legen (36 pro Nadelseite), die Teile auf der Rückseite glatt rechts über beide Nadeln zusammenstricken und gleichzeitig abketten.

Für die Blende

An einem Stück in Petrol auffassen, die erste vordere Blende 68 Maschen, Mützenteil 78 Maschen, die zweite vordere Blende 68 Maschen.
Die erste Reihe rechts verschränkt abstricken, dann kraus re. weiterarbeiten, in der ersten Reihe auf der rechten Seite der Jacke 5 Knopflöcher verteilt einarbeiten.
Weiter 2 Rippen kraus re. in Petrol stricken, dann noch 1 Rippe in Kraus re. in Grün stricken und alle Masche in der Vorderreihe abketten.
Zuletzt die Knöpfe annähen.

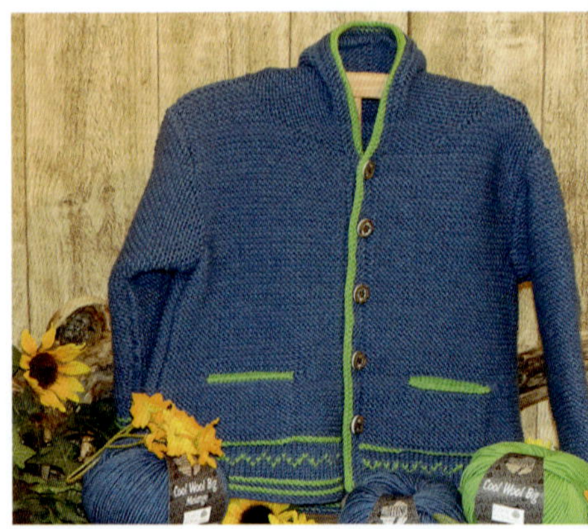

20 KLEINER GIPFELSTÜRMER, GRAU GEZOPFT

Größe 92/98

MATERIAL

Lana Grossa Alpina
Lauflänge: 210 m/100 g
80 % Schurwolle, 20 % Polyamid

200 g Hellgrau, Fb.4 — Stricknadel Nr. 4,5
100 g Dunkelgrau, Fb. 6 — Häkelnadel Nr. 4

4 Edelweiß-Knöpfe von Union Knopf
1 Brezel von Union Knopf
1 Edelweiß-Verschluss von Union Knopf

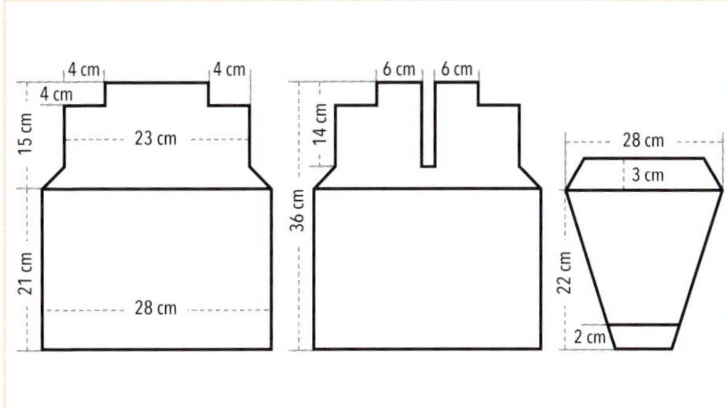

STRICKMUSTER

Bundmuster: 1 M re. / 1 M li. usw.

Zopfmuster: Zopf über 9 Maschen: 3 M auf eine Hilfsnadel hinter die Arbeit legen, 3 M glatt re., dann die 3 M von der Hilfsnadel glatt re. abstricken, 3 M glatt re.
1 Rückreihe glatt li. / 1 Vorderreihe glatt re. / 1 Rückreihe glatt li., dann wieder zopfen.
3 M glatt re., 3 M auf eine Hilfsnadel vor die Arbeit legen, 3 M glatt re., dann die 3 M von der Hilfsnadel glatt re. abstricken.
1 Rückreihe glatt li. / 1 Vorderreihe glatt re. / 1 Rückreihe glatt li.
Diesen Vorgang stetig wiederholen.

Streifenmuster nach Zopf: Vorderreihe: 2 M glatt re. / 2 M glatt li. usw.
Rückreihe: alle Maschen glatt li. abstricken.
Diesen Vorgang stetig wiederholen.

Krebsmasche: feste Masche rückwärts häkeln

glatt li.: 1 Vorderreihe li. / 1 Rückreihe re.

RÜCKENTEIL

64 Maschen in Hellgrau mit Nadel Nr. 4,5 anschlagen.
7 Reihen im Bundmuster stricken.
Nach dem Bund in der Rückreihe 7 Maschen verteilt zunehmen.

EINTEILUNG ZOPFMUSTER IN DUNKELGRAU

1 RM / 11 M glatt li. / 9 M glatt re. (Zopf) / 10 M glatt li. / 9 M glatt re. (Zopf) / 10 M glatt li. / 9 M glatt re. (Zopf) / 11 M glatt li. / 1 RM.

Nach 18 cm im Zopfmuster in jedem Zopf 3 x 2 M zusammenstricken.
Nun mit dem Armloch beginnen, hierfür 3 x 2 M beidseitig abnehmen.
Nach dieser Abnahme in Hellgrau über 50 Maschen mit dem Streifen-

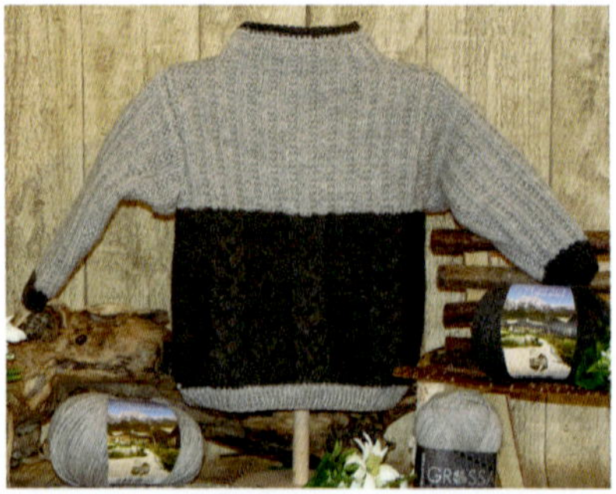

muster beginnen. 15 cm im Streifenmuster stricken und dann für die Abnahme am Hals 12 M abketten, 26 M stilllegen und 12 M abketten.

VORDERTEIL

Gegengleich arbeiten wie den Rückenteil.

BEACHTEN

Nach dem Zopfmuster in Dunkelgrau 4 Reihen Streifenmuster in Hellgrau stricken und danach die Arbeit in der Mitte teilen = 25 M getrennt stricken.

EINTEILUNG NACH DER TRENNUNG DER ARBEIT ÜBER 25 M

1 Vorderreihe im Streifenmuster stricken und in der Rückreihe eine Masche am Halsausschnitt abketten = 24 M.
Das Streifenmuster ab dem Zopf über insgesamt 15 cm stricken bis zur Schulter.
An der Schulter 12 M glatt re. abketten, die restlichen 12 M stilllegen.
Die zweite Seite gegengleich stricken.

Die Schulternähte über die 12 Maschen zusammennähen.
Die stillgelegten Maschen von Vorderteil und Rückenteil für den Kragen auf eine Nadel Nr. 4,5 nehmen, 4 cm im Streifenmuster stricken und dann alle Maschen abketten.

ÄRMEL

32 Maschen in Dunkelgrau mit Nadel Nr. 4,5 anschlagen.
8 Reihen im Bundmuster stricken, in der Rückreihe nach dem Bund 6 Maschen verteilt zunehmen.
In Hellgrau im Streifenmuster weiterarbeiten und beidseitig auf der Länge von 22 cm 10 x 1 M verteilt zunehmen.
Nach 22 cm ab Anschlag für die Armabnahme 3 x 2 M abketten.
Die restlichen 46 Maschen abketten

Den zweiten Ärmel gleich arbeiten.

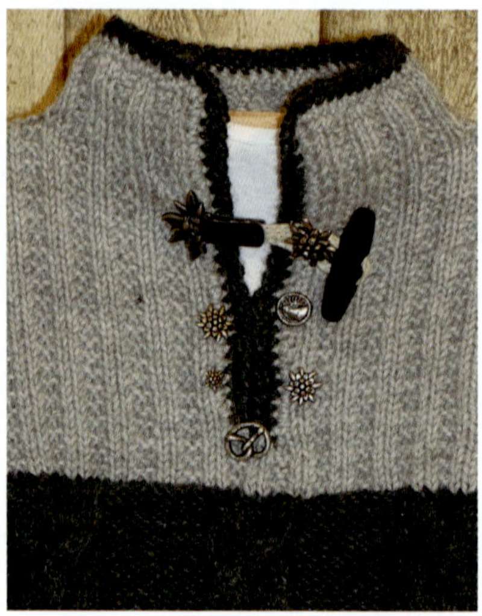

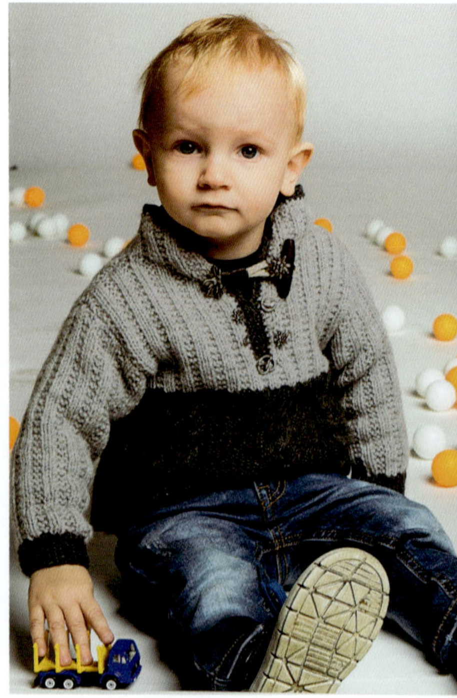

AUSARBEITUNG

Alle Nähte schließen und die Ärmel einsetzen.

Für die Blende beim Vorderteil (Schlitz)

Mit der Häkelnadel Nr. 4 1 Reihe mit festen Maschen umhäkeln.
1. Reihe in Hellgrau, die 2. Reihe in Dunkelgrau, die 3. Reihe mit Krebsmaschen in Dunkelgrau umhäkeln.

Deko und Knöpfe nach Abbildung aufnähen.

21 URIGE LANDHAUSJACKE

MATERIAL

Größe **92/98**

Lana Grossa Alpina
Lauflänge: 210 m/100 g
80 % Schurwolle, 20 % Polyamid

300 g Beige, Fb. 1
100 g Grün, Fb. 16

Stricknadel Nr. 4

5 Trachtenknöpfe von Union Knopf,
Art. Nr. 13308 (15 mm)

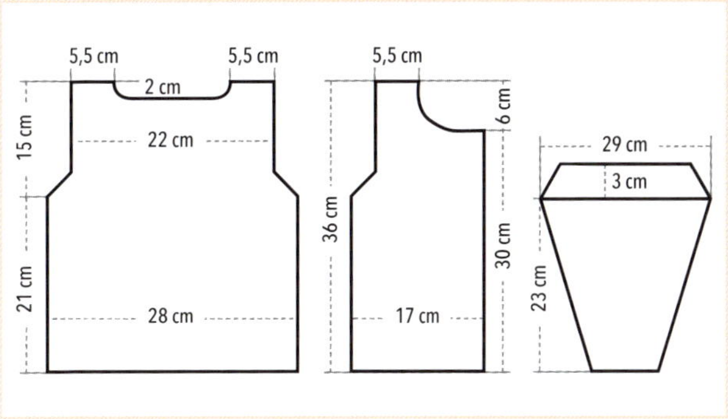

STRICKMUSTER

Bundmuster:	1 M re. / 1 M li.
1 Rippe kraus re.:	1 Vorderreihe re. / 1 Rückreihe re.
feste Maschen:	mit Häkelnadel Nr. 3,5
glatt re.:	1 Vorderreihe re. / 1 Rückreihe li.
Taschenbeutel:	15 Maschen in Grün anschlagen und 9 cm glatt re. stricken.
Tiefer gestochene Masche:	in der Rückreihe die Masche eine Reihe tiefer einstechen und re. stricken, in der Vorderreihe die Masche li. abstricken.
Knopfloch:	2 Maschen abketten in der Vorderreihe, in der Rückreihe 2 Umschläge machen, in der Vorderreihe die Umschläge re. verschränkt abstricken.

RÜCKENTEIL

71 Maschen mit Nadel Nr. 4 anschlagen.
2 Reihen im Bundmuster stricken.

EINTEILUNG

1 RM / 34 M kraus re. / 1 M re. tiefer stechen in der Rückreihe / 34 M kraus re. / 1 RM.

Nach 21 cm mit dem Armloch beginnen, hierfür beidseitig 3 x 2 Maschen in jeder Vorderreihe abketten.

Nach 34 cm ab Anschlag mit dem Halsausschnitt beginnen, hierfür die mittleren 27 Maschen abketten, dann für den Hals 1 x 3 M / 1 x 1 M abketten. Die 2 darauffolgenden Reihen abstricken, wie die Maschen erscheinen. Anschließend die restlichen 12 Maschen für die Schulter abketten.

VORDERTEIL

38 Maschen anschlagen und 2 Reihen im Bundmuster stricken.

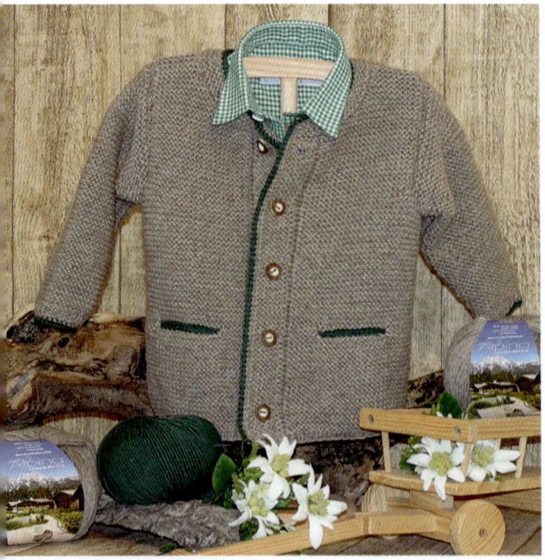

EINTEILUNG

1 RM / 6 M kraus re. / 1 M re., in der Rückreihe tiefer stechen / 30 M kraus re.

Nach 9 cm in der Vorderreihe mit der Tasche beginnen: Nach der Blende 6 M kraus re. / 15 M abketten / 9 M kraus re. In der Rückreihe den Taschenbeutel an der Stelle der abgeketteten Maschen einsetzen (15 Maschen) und über alle folgenden Maschen kraus re. weiterstricken.

Bei 21 cm mit dem Armloch beginnen, hierfür 3 x 2 Maschen abketten. Bei 30 cm mit dem Halsausschnitt beginnen, dafür 1 x 7 M / 1 x 4 M / 1 x 3 M / 1 x 2 M und 4 x 1 M abketten. Die 4 darauffolgenden Reihen abstricken und die restlichen 12 Maschen für die Schulter abketten.

ZWEITES VORDERTEIL

Gegengleich stricken, 5 Knopflöcher, verteilt über die Länge von 30 cm an der Seite der Blende einstricken.

ÄRMEL

32 Maschen anschlagen und 2 Reihen im Bundmuster stricken.
Nach dem Bund 4 Maschen verteilt zunehmen.
Beidseitig auf einer Länge von 22 cm 9 x 1 M zunehmen.
Nach 22 cm für die Armschräge 3 x 2 M beidseitig abketten.
Die restlichen 42 Maschen abketten.

Den zweiten Ärmel gleich arbeiten

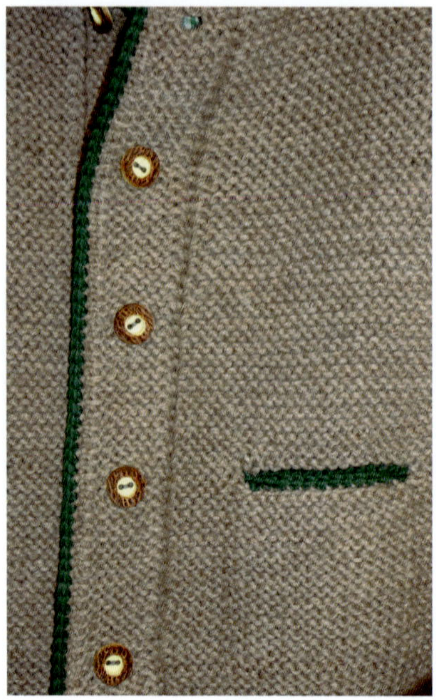

AUSARBEITUNG

Alle Nähte schließen.

Blende am Halsausschnitt

73 Maschen in Farbe Beige auffassen, 1 Reihe re. verschränkt abstricken, 2 Rippen kraus re. stricken und alle Maschen abketten. In Grün den Kragen, die Blende, die Ärmel und die Taschen mit 1 Reihe fester Maschen umhäkeln.

Die Knöpfe annähen.

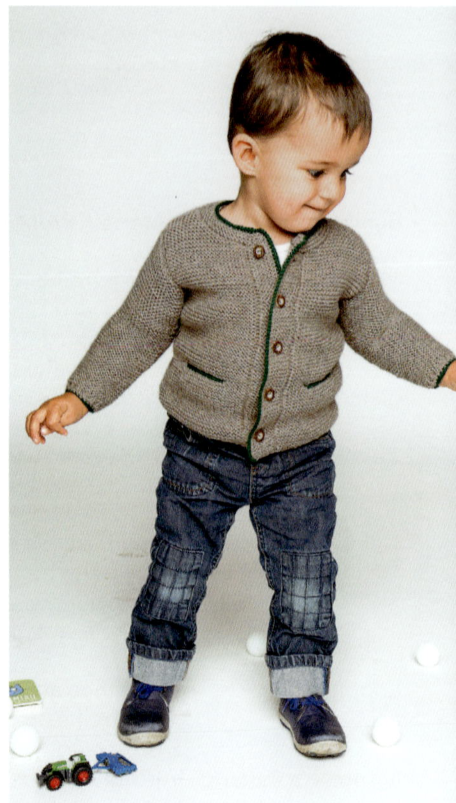

22 KINDERTASCHE MIT GANZ VIEL HERZ

B x H
20 x 15

MATERIAL

Lana Grossa Feltro
Lauflänge: 50 m/50 g
100 % Schurwolle

200 g Hellgrau, Fb. 3
50 g Rot, Fb. 7

Rundstricknadel Nr. 8, 60 cm lang
Häkelnadel Nr. 3,5

3 Edelweiße von Union Knopf
1 Herz mit Edelweiß von Union Knopf

STRICKMUSTER

glatt re.: 1 Vorderreihe re. / 1 Rückreihe li.

glatt li.: 1 Vorderreihe li. / 1 Rückreihe re.

Zopfmuster: über 6 Maschen:
3 M auf eine Hilfsnadel vor die Arbeit legen, 3 M re. stricken, dann die 3 M von der Hilfsnadel re. abstricken. Dann 1 Rückreihe / 1 Vorderreihe / 1 Rückreihe / 1 Vorderreihe / 1 Rückreihe abstricken, wie die Maschen erscheinen, dann in der Vorderreihe wieder zopfen. Diesen Vorgang fortlaufend wiederholen.

Henkel: kraus re.: 1 Vorderreihe re. / 1 Rückreihe re.

feste Maschen: häkeln

Bommel in Rot und Grau: mit 4,5 cm Durchmesser herstellen

STRICKANLEITUNG FÜR DIE TASCHE

78 Maschen mit Nadel Nr. 8 in Hellgrau anschlagen.

EINTEILUNG FÜR DAS ZOPFMUSTER

2 M re. / 2 M li. / 4 M re. / 2 M li. / 4 M re. / 2 M li. / 6 M re. (Zopfmuster) / 2 M li. / 4 M re. / 2 M li. / 4 M re. / 2 M li. / 5 M re. / 2 M li. / 4 M re. / 2 M li. / 4 M re. / 2 M li. / 6 M re. (Zopfm.) / 2 M li. / 4 M re. / 2 M li. / 4 M re. / 2 M li. / 3 M re.

Die Maschen zur Runde schließen und in der Runde immer abstricken, wie die Maschen erscheinen. Jeweils nach 5 Leerrunden 1 Zopfrunde einstricken.

Nach 22 cm ab Anschlag 2 M re. stricken, 31 M abketten, hierbei beachten, dass in dem Zopfmuster noch 3 x 2 Maschen verteilt zusammengestrickt werden müssen.
Dann 5 M re. stricken (diese 5 Maschen sind für den Henkel und werden dann auf einer Sicherheitsnadel stillgelegt).
31 M glatt re., hierbei nochmal beachten, dass im Zopfmuster wieder 3 x 2 Maschen verteilt zusammengestrickt werden müssen.
Dann nochmals 5 M stricken (diese 5 Maschen werden dann auf eine Sicherheitsnadel stillgelegt für den Henkel).

Nun für die Taschenklappe über die 31 Maschen und 8 Reihen glatt re. weiterstricken.
Das Herzdiagramm einstricken.

EINTEILUNG FÜR DIE TASCHENKLAPPE

In Grau 1 RM / 9 M glatt re. / in Rot
3 M glatt re. / in Grau 5 M glatt re. / in Rot 3 M glatt re. / in Grau 9 M glatt re. / 1 RM.

Nach dem Herzdiagramm weiterstricken.

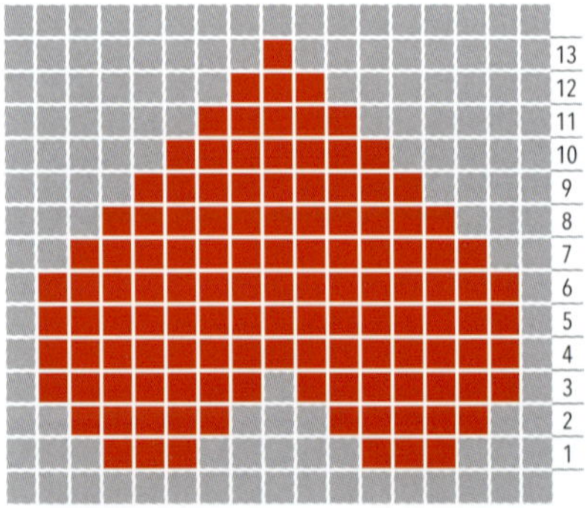

Herzdiagramm

BEACHTEN

Das Herz wird von oben nach unten zur Spitze hin eingestrickt.

Nach dem Herz für die Rundung an der Taschenklappe beidseitig 2 x 1 M und 1 x 2 M abketten.

Die restlichen 23 Maschen abketten.

DER HENKEL

In Grau über die 5 stillgelegten Maschen 130 cm kraus re. stricken und dann mit den restlichen 5 stillgelegten Maschen zusammenstricken.

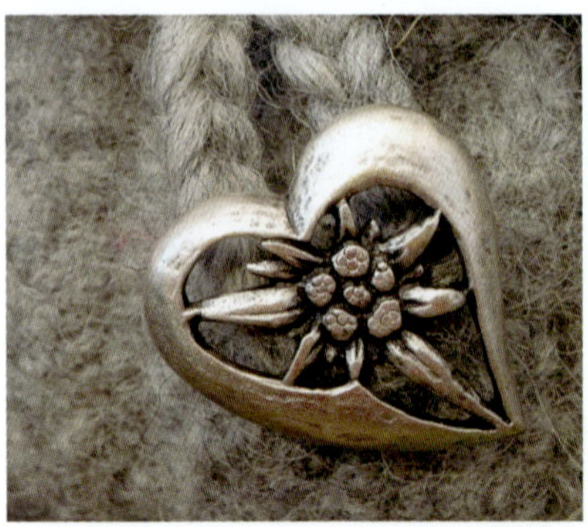

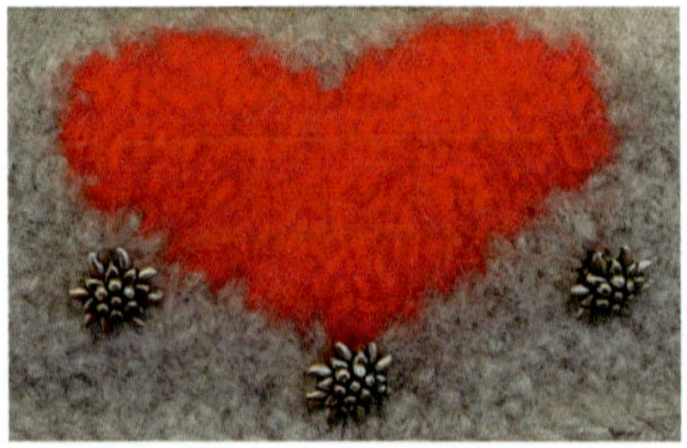

AUSARBEITUNG

Die Tasche am oberen Rand mit 1 Reihe fester Maschen in Grau umhäkeln.

Die Deko laut Abbildung annähen und die Tasche bei 30 °C in der Waschmaschine waschen.
Nach dem Waschen die Tasche in Form ziehen und mit Papier ausstopfen.

Für die Schließe der Tasche noch 12 Luftmaschen in Grau häkeln und an die Taschenklappe annähen.
Über die Länge von 10 cm Luftmaschen jeweils in Rot und Grau häkeln, diese an der Tasche laut Bild anbringen und daran die Bommel annähen.

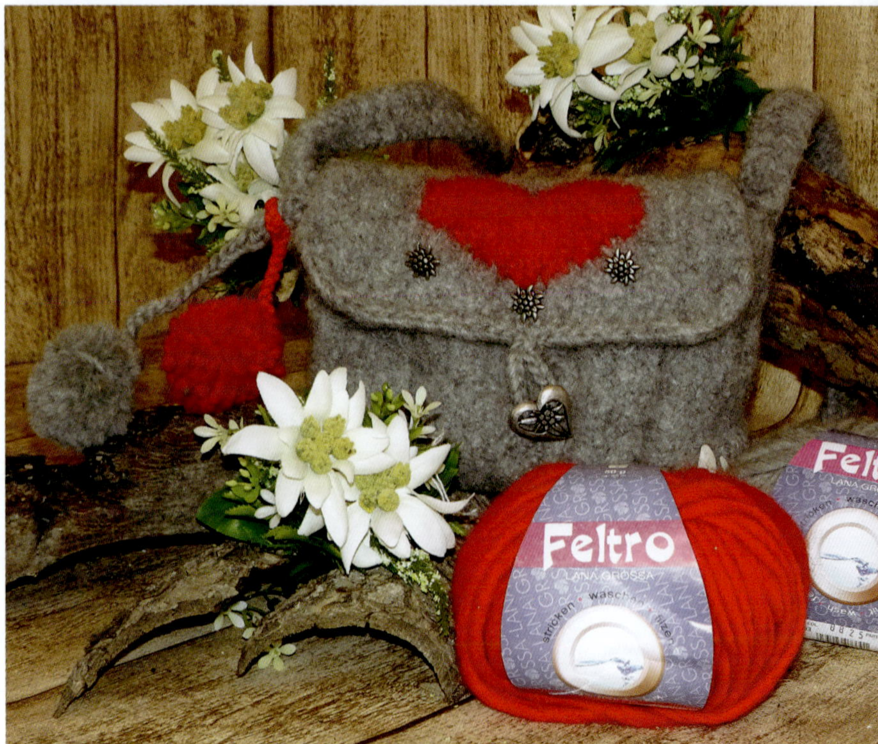